软件知识产权司法鉴定技术与方法

刘玉琴 著

知识产权出版社
全国百佳图书出版单位

图书在版编目（CIP）数据

软件知识产权司法鉴定技术与方法 / 刘玉琴著. —北京：知识产权出版社，2018.3
ISBN 978-7-5130-5289-4

Ⅰ.①软… Ⅱ.①刘… Ⅲ.①软件—知识产权保护—司法鉴定—研究—中国 Ⅳ.①D923.404

中国版本图书馆 CIP 数据核字（2018）第 033547 号

内容提要

本书是软件知识产权司法鉴定指导用书，系统阐释了软件知识产权司法鉴定的法律基础、法律依据、鉴定技术、鉴定工具和典型案例。本书适合法官、检察官、软件企业管理者和软件开发从业者阅读。

责任编辑：刘晓庆　　　　　　　　**责任出版：孙婷婷**

软件知识产权司法鉴定技术与方法
RUANJIAN ZHISHI CHANQUAN SIFA JIANDING JISHU YU FANGFA

刘玉琴　著

出版发行：	知识产权出版社 有限责任公司	网　　址：	http://www.ipph.cn
电　　话：	010-82004826		http://www.laichushu.com
社　　址：	北京市海淀区气象路 50 号院	邮　　编：	100081
责编电话：	010-82000860 转 8073	责编邮箱：	396961849@qq.com
发行电话：	010-82000860 转 8101	发行传真：	010-82000893
印　　刷：	北京中献拓方科技发展有限公司	经　　销：	各大网上书店、新华书店及相关专业书店
开　　本：	720mm×960mm　1/16	印　　张：	12.75
版　　次：	2018 年 3 月第 1 版	印　　次：	2018 年 3 月第 1 次印刷
字　　数：	160 千字	定　　价：	48.00 元

ISBN 978-7-5130-5289-4

出版权专有　　侵权必究

如有印装质量问题，本社负责调换。

前　　言

自2009年在工业和信息化部软件与集成电路促进中心知识产权司法鉴定所从事司法鉴定工作以来，笔者参与的计算机软件侵权鉴定案件每年都在成倍地增加，由最初的每年几件到目前的每年几十件。在这个过程中，司法鉴定在解决软件纠纷中起到了决定性的作用。一方面，笔者看到了司法鉴定在解决软件纠纷中所起到的积极作用；另一方面，也发现侵权纠纷的解决对于司法鉴定的过度依赖，甚至还出现了个别不规范的司法鉴定操作案例。为此，笔者力图通过本书的撰写，避免对一些技术问题较为明确的纠纷进行鉴定；同时，使软件企业更多地了解侵权行为的严重性，遵守知识产权规则，减少企业的侵权行为，特别是避免不经意的侵权行为。

撰写一本有关计算机软件领域司法鉴定技术和方法方面的书籍，涉及法律和技术两方面的知识和经验，是十分具有挑战性的工作。司法鉴定案件复杂多样，只靠一本书无法解决其中的诸多细节问题。笔者在编排本书内容时，考虑本书可能的读者群体：法官、检察官、知识产权律师，以及大量的软件企业，甚至是软件开发的从业者。每个群体关注的内容各有侧重。法官、检察官、知识产权律师，侧重技术问题；软件企业和从事软件开发的个人，则侧重法律问题；案例是各类读者群体共同关注的内容。因此，本书主要内容共分为五个部分：法律篇、鉴定技术篇、鉴定工具篇、鉴定案例篇和问题与对策篇。

本书更多的内容是对以往鉴定案件的经验总结，有些内容仅仅是学术上的探讨，案例部分均来自于网络公开信息。由于作者的知识和能力所限，所述内容必有瑕疵和不足之处，望广大读者、各界同行和专家给予指正。

目　录

·法律篇·

第一章　司法鉴定机构与鉴定人 ················· 3

　第一节　司法鉴定制度 ························· 3

　第二节　司法鉴定机构 ························ 12

　第三节　司法鉴定人 ·························· 17

第二章　软件知识产权司法鉴定的相关法 ········ 22

　第一节　计算机软件保护条例 ················· 22

　第二节　中华人民共和国反不正当竞争法 ······· 23

　第三节　中华人民共和国刑法 ················· 24

　第四节　最高人民法院关于审理不正当竞争
民事案件应用法律若干问题的解释 ················ 25

　第五节　北京市高级人民法院关于审理计算机软件
著作权纠纷案件几个问题的意见 ·················· 26

·鉴定技术篇·

第三章　软件知识产权司法鉴定概论 ··········· 29

　第一节　软件知识产权司法鉴定相关概念 ······· 29

第二节　软件知识产权司法鉴定事项分析 …………………………… 32
第三节　软件知识产权司法鉴定研究现状分析 ………………………… 34

第四章　软件源代码鉴定技术 …………………………………………… 36
第一节　软件源代码非公知性鉴定 …………………………………… 36
第二节　软件源代码同一性鉴定 ……………………………………… 49

第五章　软件目标代码鉴定技术 ………………………………………… 61
第一节　目标代码非公知性鉴定 ……………………………………… 61
第二节　目标代码同一性鉴定 ………………………………………… 62

第六章　软件产品鉴定技术 ……………………………………………… 66
第一节　软件产品同一性鉴定 ………………………………………… 66
第二节　游戏软件产品同一性鉴定 …………………………………… 75

第七章　跨编程语言的软件源代码/目标代码同一性鉴定技术 …… 78
第一节　.NET平台软件跨语言鉴定 …………………………………… 78
第二节　CCStudio平台软件跨语言鉴定 ……………………………… 84
第三节　JAVA与C#编程语言间的跨语言鉴定 ……………………… 88

第八章　数据库结构鉴定技术 …………………………………………… 93
第一节　数据库与数据库结构 ………………………………………… 93
第二节　数据库结构非公知性鉴定方法 ……………………………… 96
第三节　数据库结构同一性鉴定方法 ………………………………… 97

· 鉴定工具篇 ·

第九章　反编译工具 ……………………………………………………… 105
第一节　.NET反编译工具 ……………………………………………… 105

目 录

　　第二节　C/C++反编译工具 …………………………………………… 110
　　第三节　JAVA 反编译工具 ……………………………………………… 112
　　第四节　Delphi 反编译工具 …………………………………………… 115

第十章　代码比对工具 ……………………………………………………… 119

　　第一节　Beyond Compare 比对工具 …………………………………… 119
　　第二节　WinMerge 比对工具 …………………………………………… 126
　　第三节　Software Forensic Toolkit 比对工具 ………………………… 127

第十一章　网络抓包工具 …………………………………………………… 129

　　第一节　Fiddler ………………………………………………………… 129
　　第二节　Wireshark ……………………………………………………… 130

· 鉴定案例篇 ·

第十二章　软件产品同一性鉴定三例 ……………………………………… 133

　　第一节　Snap-on 四轮定位操控软件著作权侵权案 …………………… 133
　　第二节　擎天出口货物退（免）税软件著作权侵权案 ………………… 134
　　第三节　机床单片机控制软件著作权侵权案 …………………………… 135

第十三章　软件源代码非公知性/同一性鉴定三例 ……………………… 137

　　第一节　迈瑞心电监护仪嵌入式软件商业秘密案 ……………………… 137
　　第二节　迪思杰数据容灾软件商业秘密案 ……………………………… 138
　　第三节　乌龙学苑英语教学软件著作权案 ……………………………… 139

第十四章　游戏软件产品同一性鉴定三例 ………………………………… 141

　　第一节　《王者之剑》游戏软件著作权侵权案 ………………………… 141
　　第二节　《天涯明月刀》游戏软件著作权侵权案 ……………………… 142
　　第三节　《我叫 MT》游戏软件著作权侵权案 ………………………… 144

第十五章　信息网络传播鉴定二例 …… 146
- 第一节　应用商店 APP 著作权侵权案 …… 146
- 第二节　搜索引擎网络文学作品著作权侵权案 …… 148

·问题与对策篇·

第十六章　软件知识产权司法鉴定中的常见问题 …… 153
- 第一节　鉴定资质与鉴定人技能的问题 …… 153
- 第二节　与鉴定相关的时间问题 …… 154
- 第三节　软件侵权判断的规则问题 …… 158
- 第四节　司法鉴定意见书不予采纳的问题 …… 160

第十七章　软件企业知识产权保护策略 …… 162
- 第一节　我国软件知识产权保护模式及其优劣势分析 …… 162
- 第二节　软件企业知识产权保护的策略建议 …… 165

附录 …… 172

- 附录1　计算机软件保护条例 …… 172
- 附录2　北京市高级人民法院关于审理计算机软件著作权纠纷案件几个问题的意见 …… 180
- 附录3　软件知识产权司法鉴定意见书格式范本 …… 185

参考文献 …… 186

后记 …… 189

图目录

图 3-1　软件知识产权司法鉴定事项 ············· 33

图 4-1　软件源代码非公知性鉴定流程 ············· 44

图 4-2　源代码调用关系"鱼骨图" ············· 46

图 4-3　JAVA 语言的编译运行机制图 ············· 47

图 5-1　目标代码同一性鉴定流程 ············· 63

图 5-2　C 语言编写的程序源代码实例 ············· 64

图 5-3　C 语言编写的程序目标代码实例 ············· 64

图 5-4　C 语言编写的程序反编译代码实例 ············· 65

图 6-1　软件产品同一性鉴定内容层次结构图 ············· 68

图 6-2　SQL SERVER 表结构实例 ············· 71

图 6-3　ACCESS 表结构实例 ············· 71

图 6-4　代码文件版权声明实例 ············· 72

图 7-1　.NET 的运行机制示意图 ············· 80

图 7-2　.NET 平台软件代码转换实例（VB.NET 源代码） ············· 81

图 7-3　.NET 平台软件代码转换实例（C#.NET 源代码） ············· 81

图 7-4　.NET 平台软件代码转换实例（中间语言代码） ············· 82

图 7-5　CCStudio 生成汇编代码文件 ············· 86

图 7-6　CCStudio 生成汇编代码实例 ············· 87

图 7-7　JAVA 与 C#转换实例（JAVA 源代码） ············· 90

图 7-8	JAVA 与 C#转换实例（C#源代码）	91
图 8-1	数据库对象	95
图 8-2	数据库表的结构设计实例	98
图 8-3	数据库表的内容查询结果实例	98
图 8-4	数据库表的结构设计脚本实例	99
图 8-5	数据库表的同一性比对内容	100
图 9-1	.NET Reflector 启动主界面	105
图 9-2	.NET Reflector 运行主界面	106
图 9-3	.NET Reflector 设置反编译语言	106
图 9-4	.NET Reflector 设置.NET 版本	107
图 9-5	.NET Reflector 显示反编译程序集信息	107
图 9-6	.NET Reflector 显示反编译代码	108
图 9-7	.NET Reflector 批量导出反编译代码	108
图 9-8	ILspy 运行主界面	109
图 9-9	ILspy 反编译操作界面	109
图 9-10	IDA Pro 主页面	111
图 9-11	IDA Pro 反编译符号表	111
图 9-12	JAVA Decompiler 主界面	112
图 9-13	JAVA Decompiler 文件类型选择	113
图 9-14	JAVA Decompiler 反编译操作界面	113
图 9-15	JODE 运行主界面	114
图 9-16	JODE 反编译操作界面	115
图 9-17	DeDe 运行主界面	116
图 9-18	DeDe 显示窗休代码	116
图 9-19	DeDe 显示过程代码列表	117
图 9-20	DeDe 显示过程代码	117

图目录

图 9-21　DeDe 导出反编译代码 …………………………………… 118
图 10-1　Beyond Compare 运行主界面 ………………………………… 119
图 10-2　Beyond Compare 设置文件夹比对内容 ……………………… 120
图 10-3　Beyond Compare 设置文件夹比对显示方式 ………………… 120
图 10-4　Beyond Compare 进行文件比对 ……………………………… 121
图 10-5　Beyond Compare 设定比对规则 ……………………………… 121
图 10-6　Beyond Compare 查看文件夹比对信息 ……………………… 122
图 10-7　Beyond Compare 文件夹比对结果 …………………………… 122
图 10-8　Beyond Compare 查看比对报告 ……………………………… 123
图 10-9　Beyond Compare 设置比对报告格式 ………………………… 123
图 10-10　Beyond Compare 二进制文件比对 …………………………… 124
图 10-11　Beyond Compare 文本文件比对 ……………………………… 125
图 10-12　Beyond Compare 文本文件比对信息 ………………………… 125
图 10-13　WinMerge 运行主界面 ………………………………………… 126
图 10-14　WinMerge 文件过滤器 ………………………………………… 127
图 10-15　WinMerge 行过滤器 …………………………………………… 127
图 10-16　Software Forensic Toolkit 运行主界面 ……………………… 128
图 11-1　Fiddler 运行主界面 …………………………………………… 129
图 11-2　Wireshark 运行主界面 ………………………………………… 130
图 12-1　文件属性中相关时间 ………………………………………… 155
图 12-2　Systeminfo 命令显示图 ……………………………………… 157
图 12-3　Windows XP 系统启动和关机日志文件 …………………… 157
图 12-4　Windows XP 系统时间日志 ………………………………… 158

· ix ·

表目录

表 4-1　单一源代码文件同一性比对结果统计表（形式一）………… 55

表 4-2　单一源代码文件同一性比对结果统计表（形式二）………… 56

表 4-3　源代码文件集合同一性比对结果统计表 …………………… 57

法律篇

第一章 司法鉴定机构与鉴定人

为了规范司法鉴定机构和司法鉴定人的司法鉴定活动，保障司法鉴定质量，保障诉讼活动的顺利进行，根据《全国人民代表大会常务委员会关于司法鉴定管理问题的决定》和有关法律、法规的规定，司法部制定了《司法鉴定程序通则》。[1] 该通则对司法鉴定委托、受理和实施进行了明确的规定。

第一节 司法鉴定制度

一、鉴定业务

司法鉴定是指在诉讼活动中，鉴定人运用科学技术或者专门知识对诉讼涉及的专门性问题进行鉴别和判断并提供鉴定意见的活动。

司法鉴定业务包括法医类鉴定，如法医病理鉴定、法医临床鉴定、法医精神病鉴定、法医物证鉴定、法医毒物鉴定；物证类鉴定，如文书鉴定、痕迹鉴定、微量鉴定；声像资料鉴定；计算机司法鉴定；环境监测司法鉴定；工程造价司法鉴定；产品质量司法鉴定；司法会计鉴定；知识产权司法鉴定；税务司法鉴定；农业司法鉴定；资产评估司法鉴定；建筑工程司法鉴定；枪弹痕迹司法鉴定等。

本书主要围绕计算机软件的知识产权司法鉴定展开研究，与计算机司法鉴定、声像资料司法鉴定都具有一定的关联性。

---

[1] 《司法鉴定程序通则》(司法部令第107号)，2007年10月1日实施。《司法鉴定程序通则》修订版(司法部令第132号)，2016年5月1日实施。本书引用的是2016年5月1日公布实施至今的《司法鉴定程序通则》修订版中的内容。

知识产权司法鉴定是指依法取得有关知识产权司法鉴定资格的鉴定机构和鉴定人受司法机关或当事人委托，根据技术专家对本领域公知技术及相关专业技术的了解，并运用必要的检测、化验和分析手段，对被侵权的技术和相关技术的特征是否相同或者等同进行认定；对技术转让合同标的是否成熟、实用，是否符合合同约定标准进行认定；对技术开发合同履行失败是否属于风险责任进行认定；对技术咨询、技术服务及其他各种技术合同履行结果是否符合合同约定，或者有关法定标准进行认定；对技术秘密是否构成法定技术条件进行认定；对其他知识产权诉讼中的技术争议进行鉴定并提供鉴定结论的活动。

计算机司法鉴定是指依法取得有关计算机司法鉴定资格的鉴定机构和鉴定人受司法机关或当事人委托，运用计算机理论和技术，对通过非法手段使计算机系统内数据的安全性、完整性或系统正常运行造成的危害行为及其程度等进行鉴定，并提供鉴定结论的活动。

声像资料司法鉴定是指运用物理学和计算机学的原理和技术，对录音带、录像带、磁盘、光盘、图片等载体上记录的声音、图像信息的真实性、完整性及其所反映的情况过程进行鉴定；并对记录的声音、图像中的语言、人体、物体作出种类或同一认定。

二、鉴定委托

司法鉴定机构应当统一受理办案机关的司法鉴定委托。委托人委托鉴定的，应当向司法鉴定机构提供真实、完整、充分的鉴定材料，并对鉴定材料的真实性、合法性负责。司法鉴定机构应当核对并记录鉴定材料的名称、种类、数量、性状、保存状况、收到时间等。诉讼当事人对鉴定材料有异议的，应当向委托人提出。

三、鉴定受理

司法鉴定机构应当自收到委托之日起七个工作日内作出是否受理的决定。对于复杂、疑难或者特殊鉴定事项的委托，司法鉴定机构可以与委托人协商决定受理的时间。司法鉴定机构应当对委托鉴定事项、鉴定材料等进行审查。对属于本机构司法鉴定业务范围，鉴定用途合法，提供的鉴定材料能够满足鉴定需要的，应当受理。对于鉴定材料不完整、不充分，不能满足鉴定需要的，司法鉴定机构可以要求委托人补充；经补充后，能够满足鉴定需要的，应当受理。

具有下列情形之一的鉴定委托，司法鉴定机构不得受理：①委托事项超出本机构司法鉴定业务范围的。②鉴定材料不真实、不完整、不充分或者取得方式不合法的。③鉴定事项的用途不合法或者违背社会公德的。④鉴定要求不符合司法鉴定执业规则或者相关鉴定技术规范的。⑤鉴定要求超出本机构技术条件和鉴定能力的。⑥委托人就同一鉴定事项同时委托其他司法鉴定机构进行鉴定的。⑦其他不符合法律、法规、规章规定的情形。对不予受理的委托，应当向委托人说明理由，退还其提供的鉴定材料。

司法鉴定机构决定受理鉴定委托的，应当与委托人签订司法鉴定委托书。司法鉴定委托书应当载明委托人名称、司法鉴定机构名称、委托鉴定事项、是否属于重新鉴定、鉴定用途、与鉴定有关的基本案情、鉴定材料的提供和退还、鉴定风险，以及双方商定的鉴定时限、鉴定费用及收取方式、双方权利义务等其他需要载明的事项。司法鉴定机构决定不予受理鉴定委托的，应当向委托人说明理由，并退还鉴定材料。

四、鉴定实施

司法鉴定机构受理鉴定委托后，应当指定本机构具有该鉴定事项执业资格的司法鉴定人对其进行鉴定。委托人有特殊要求的，经双方协商一致，也可以从本机构中选择符合条件的司法鉴定人进行鉴定。委托人不得要求或者暗示司法鉴定机构、司法鉴定人按其意图或者特定目的提供鉴定意见。

司法鉴定机构对同一鉴定事项，应当指定或者选择两名司法鉴定人进行鉴定；对复杂、疑难或者特殊鉴定事项，可以指定或者选择多名司法鉴定人进行鉴定。

司法鉴定人本人或者其近亲属与诉讼当事人、鉴定事项涉及的案件有利害关系，可能影响其独立、客观、公正进行鉴定的，应当回避。司法鉴定人曾经参加过同一鉴定事项鉴定的，或者曾经作为专家提供过咨询意见的，或者曾被聘请为有专门知识的人参与过同一鉴定事项法庭质证的，应当回避。

司法鉴定人自行提出回避的，由其所属的司法鉴定机构决定；委托人要求司法鉴定人回避的，应当向该鉴定人所属的司法鉴定机构提出，由司法鉴定机构决定。委托人对司法鉴定机构是否实行回避的决定有异议的，可以撤销鉴定委托。

司法鉴定人应当依法独立、客观、公正地进行鉴定，并对自己作出的鉴定意见负责。司法鉴定机构和司法鉴定人应保守在执业活动中知悉的国家秘密、商业秘密，不得泄露个人隐私。未经委托人的同意，司法鉴定人不得向其他人或者组织提供与鉴定事项有关的信息，但法律、法规另有规定的除外。

司法鉴定人进行鉴定，应依下列顺序遵守和采用该专业领域的技术标准和技术规范：①国家标准。②行业标准和技术规范。③该专业领域多数专家认可的技术方法。

司法鉴定人有权了解进行鉴定所需要的案件材料，可以查阅、复制相关资料，必要时可以询问诉讼当事人、证人。

第一章　司法鉴定机构与鉴定人

经委托人同意，司法鉴定机构可以派人员到现场提取鉴定材料。现场提取鉴定材料应当由不少于两名司法鉴定机构的工作人员进行，其中至少一名应为该鉴定事项的司法鉴定人。现场提取鉴定材料时，应当有委托人指派或者委托的人员在场见证并在提取记录上签名。

司法鉴定人应当对鉴定过程进行实时记录并签名。记录可以采取笔记、录音、录像、拍照等方式。记录应当载明主要的鉴定方法和过程，检查、检验、检测结果，以及仪器设备使用情况等。记录的内容应当真实、客观、准确、完整、清晰，记录的文本资料、音像资料等应当存入鉴定档案。

司法鉴定机构应当自司法鉴定委托书生效之日起30个工作日内完成鉴定。鉴定事项如果涉及复杂、疑难、特殊技术问题或者鉴定过程需要较长时间的，那么经本机构负责人批准，完成鉴定的时限可以延长，延长时限一般不得超过30个工作日。鉴定时限延长的，应当及时告知委托人。司法鉴定机构与委托人对鉴定时限另有约定的，从其约定。在鉴定过程中，补充或者重新提取鉴定材料所需的时间，不计入鉴定时限。

司法鉴定机构在进行鉴定过程中，遇有下列情形之一的，可以终止鉴定：①发现鉴定材料不真实、不完整、不充分或者取得方式不合法的。②鉴定用途不合法或者违背社会公德的。③鉴定要求不符合司法鉴定执业规则或者相关鉴定技术规范的。④鉴定要求超出本机构技术条件或者鉴定能力的。⑤委托人就同一鉴定事项同时委托其他司法鉴定机构进行鉴定的。⑥鉴定材料发生耗损，委托人不能补充提供的。⑦委托人拒不履行司法鉴定委托书规定的义务、被鉴定人拒不配合或者鉴定活动受到严重干扰，致使鉴定无法继续进行的。⑧委托人主动撤销鉴定委托，或者委托人、诉讼当事人拒绝支付鉴定费用的。⑨因不可抗力致使鉴定无法继续进行的。⑩其他需要终止鉴定的情形。终止鉴定的，司法鉴定机构应当书面通知委托人，说明理由，并退还鉴定材料。

有下列情形之一的，司法鉴定机构可以根据委托人的请求进行补充鉴定：①原委托鉴定事项有遗漏的。②委托人就原委托鉴定事项提供新的鉴定材料的。③其他需要补充鉴定的情形。补充鉴定是原委托鉴定的组成部分，应当由原司法鉴定人进行。

有下列情形之一的，司法鉴定机构可以接受委托进行重新鉴定：①原司法鉴定人不具有从事原委托事项鉴定执业资格的。②原司法鉴定机构超出登记的业务范围组织鉴定的。③原司法鉴定人按规定应当回避没有回避的。④委托人或者其他诉讼当事人对原鉴定意见有异议，并能提出合法依据和合理理由的。⑤法律规定或者人民法院认为需要重新鉴定的其他情形。

重新鉴定应当委托原司法鉴定机构以外的其他司法鉴定机构进行；因特殊原因，委托人也可以委托原司法鉴定机构进行，但原司法鉴定机构应当指定原司法鉴定人以外的其他符合条件的司法鉴定人进行。

接受重新鉴定委托的司法鉴定机构的资质条件应当不低于原司法鉴定机构的资质。在进行重新鉴定的司法鉴定人中，应当至少有一名具有相关专业高级专业技术职称。

在鉴定过程中，涉及复杂、疑难、特殊技术问题的，可以向本机构以外的相关专业领域的专家进行咨询，但最终的鉴定意见应当由本机构的司法鉴定人出具。专家提供咨询意见应当签名，并存入鉴定档案。

对于涉及重大案件或者特别复杂、疑难、特殊技术问题或者多个鉴定类别的鉴定事项，办案机关可以委托司法鉴定行业协会组织协调多个司法鉴定机构进行鉴定。

司法鉴定人完成鉴定后，司法鉴定机构应当指定具有相应资质的人员对鉴定程序和鉴定意见进行复核；对于涉及复杂、疑难、特殊技术问题或者重新鉴定的鉴定事项，可以组织三名以上的专家进行复核。复核人员完成复核后，应当提出复核意见并签名，并存入鉴定档案。

五、鉴定文书

司法鉴定文书是司法鉴定机构和司法鉴定人依照法定条件和程序，运用科学技术或者专门知识，对诉讼中所涉及的专门性问题进行分析、鉴别，以及判断后出具的记录和反映司法鉴定过程和司法鉴定意见的书面载体。司法鉴定机构和司法鉴定人在完成委托的鉴定事项后，应向委托人出具司法鉴定文书。

司法鉴定文书包括司法鉴定意见书和司法鉴定检验报告书。司法鉴定意见书是司法鉴定机构和司法鉴定人对委托人提供的鉴定材料进行检验、鉴别后出具的记录司法鉴定人专业判断意见的文书，一般包括标题、编号、基本情况、检案摘要、检验过程、分析说明、鉴定意见、落款、附件及附注等内容。

司法鉴定检验报告书是司法鉴定机构和司法鉴定人对委托人提供的鉴定材料进行检验后，出具的客观反映司法鉴定人的检验过程和检验结果的文书，一般包括标题、编号、基本情况、检案摘要、检验过程、检验结果、落款、附件及附注等内容。

司法鉴定文书的制作应符合统一规定的司法鉴定文书格式，一般由封面、正文和附件组成。司法鉴定文书的封面应当写明司法鉴定机构的名称、司法鉴定文书的类别和司法鉴定许可证号。封二应当写明声明、司法鉴定机构的地址和联系电话。

司法鉴定文书正文应当符合下列规范和要求：①标题：写明司法鉴定机构的名称和委托鉴定事项。②编号：写明司法鉴定机构缩略名、年份、专业缩略语、文书性质缩略语及序号。③基本情况：写明委托人、委托鉴定事项、受理日期、鉴定材料、鉴定日期、鉴定地点、在场人员、被鉴定人等内容。鉴定材料应当客观写明委托人提供的与委托鉴定事项有关的检材和鉴定资料的简要情况，并注明鉴定材料的出处。④检案摘要：写明委托鉴定事项涉及案件的简要情况。⑤检验过程：写明鉴定的实施过程和科学依据，包括检材处理、鉴定程序、所用技术方法、技术标准和技术规范等内容。⑥检验结果：写明对委托人提供的鉴定材料进行检验后得出的客观结果。⑦分析说明：写明根据鉴定材料和检验结果形成鉴定意见的分析、鉴别和判断的过程。引用的资料应当注明出处。⑧鉴定意见：应当明确、具体、规范，具有针对性和可适用性。⑨落款：由司法鉴定人签名或者盖章，并写明司法鉴定人的执业证号，同时加盖司法鉴定机构的司法鉴定专用章，并注明文书制作日期等。⑩附注：对司法鉴定文书中需要解释的内容，可以在附注中作出说明。司法鉴定文书正文可以根据不同鉴定类别和专业特点作出相应调整。

司法鉴定文书附件应当包括与鉴定意见、检验报告有关的关键图表、照片、音像资料、参考文献等的目录。附件是司法鉴定文书的组成部分，应当附在司法鉴定文书的正文之后。

司法鉴定文书的语言表述应当符合下列规范和要求：①使用符合国家通用语言文字规范、通用专业术语规范和法律规范的用语。②使用国家标准计量单位和符号。③使用少数民族语言文字的司法鉴定文书，应当符合少数民族语言文字规范。④文字精练，用词准确，语句通顺，描述客观、清晰。

司法鉴定文书的制作应当符合下列格式要求：①使用 A4 规格纸张打印制作。②在正文每页页眉的右上角注明正文共几页，同时注明本页是第几页。③落款应当与正文同页，不得使用"此页无正文"字样。④不得有涂改。

司法鉴定文书经过复核的，复核人应当在司法鉴定机构内部复核单上签名。

司法鉴定文书应当同时加盖司法鉴定机构的司法鉴定专用章红印和钢印两种印模。司法鉴定文书正文标题下方编号处应当加盖司法鉴定机构的司法鉴定专用章钢印；司法鉴定文书各页之间应当加盖司法鉴定机构的司法鉴定专用章红印，作为骑缝章；司法鉴定文书的制作日期处应当加盖司法鉴定机构的司法鉴定专用章红印。

司法鉴定机构的司法鉴定专用章红印和钢印为圆形，制作规格应当为直径4厘米，中央刊五角星，五角星上方刊司法鉴定机构名称，自左而右环行；五角星下方刊司法鉴定专用章字样，自左而右横排。

司法鉴定机构的司法鉴定专用章红印和钢印印文中的汉字，应当使用国务院公布的简化字，字体为宋体。民族自治地方的司法鉴定机构的司法鉴定专用章红印和钢印印文，应当并列刊汉字和当地通用的少数民族文字，自左而右环行。

司法鉴定人印章和司法鉴定机构的司法鉴定专用章应当经登记管理机关备案后启用。

司法鉴定机构和司法鉴定人应当按照统一规定的文本格式制作《司法鉴定意见书》。《司法鉴定意见书》应当由司法鉴定人签名。多人参加的鉴定，对鉴定意见有不同意见的，应当注明。《司法鉴定意见书》应当加盖司法鉴定机构的司法鉴定专用章。《司法鉴定意见书》应当一式四份，三份交委托人收执，一份由司法鉴定机构存档。司法鉴定机构应当按照有关规定或者与委托人约定的方式，向委托人发送《司法鉴定意见书》。

《司法鉴定意见书》出具后，发现有下列情形之一的，司法鉴定机构可以进行补正：①图像、谱图、表格不清晰的。②签名、盖章或者编号不符合制作要求的。③文字表达有瑕疵或者错别字，但不影响司法鉴定意见的。补正应当在原《司法鉴定意见书》上进行，由至少一名司法鉴定人在补正处签名。必要时，可以出具《司法鉴定补正书》。对《司法鉴定意见书》进行补正，不得改变司法鉴定意见的原意。

司法鉴定机构应当按照规定，将司法鉴定意见书及有关资料整理立卷、归档保管。

六、鉴定人出庭

经人民法院依法通知，司法鉴定人应当出庭作证，回答与鉴定事项有关的问题。司法鉴定机构接到出庭通知后，应当及时与人民法院确认司法鉴定人出庭的时间、地点、人数、费用、要求等。司法鉴定机构应当支持司法鉴定人出庭作证，为司法鉴定人依法出庭提供必要条件。司法鉴定人出庭作证，应当举止文明，遵守法庭纪律。

第二节 司法鉴定机构

《司法鉴定机构登记管理办法》❶对司法鉴定机构的登记、审核、管理、法律责任有明确的规定。

一、机构管理

司法鉴定机构是司法鉴定人的执业机构，经省级司法行政机关审核登记，取得《司法鉴定许可证》，在登记的司法鉴定业务范围内，开展司法鉴定活动。司法鉴定管理实行行政管理与行业管理相结合的管理制度。司法行政机关对司法鉴定机构及其司法鉴定活动依法进行指导、管理和监督、检查。司法鉴定行业协会依法进行自律管理。

司法部负责全国司法鉴定机构的登记管理工作，主要职责：①制定全国司法鉴定发展规划并指导实施。②指导和监督省级司法行政机关对司法鉴定机构的审核登记、名册编制和名册公告工作。③制定全国统一的司法鉴定机构资质管理评估制度和司法鉴定质量管理评估制度，并指导实施。④组织制定全国统一的司法鉴定实施程序、技术标准和技术操作规范等司

---

❶ 本书引用内容为2005年9月30日公布实施至今的《司法鉴定机构登记管理办法》。

法鉴定技术管理制度并指导实施。⑤指导司法鉴定科学技术研究、开发、引进与推广，组织司法鉴定业务的中外交流与合作。⑥法律、法规规定的其他职责。

省级司法行政机关负责本行政区域内司法鉴定机构登记管理工作，主要职责：①制定本行政区域司法鉴定发展规划并组织实施。②负责司法鉴定机构的审核登记、名册编制和名册公告工作。③负责司法鉴定机构的资质管理评估和司法鉴定质量管理评估工作。④负责对司法鉴定机构进行监督、检查。⑤负责对司法鉴定机构违法违纪的执业行为进行调查处理。⑥组织司法鉴定科学技术开发、推广和应用。⑦法律、法规和规章规定的其他职责。

司法行政机关应当就下列事项对司法鉴定机构进行监督、检查：①遵守法律、法规和规章的情况。②遵守司法鉴定程序、技术标准和技术操作规范的情况。③所属司法鉴定人执业的情况。④法律、法规和规章规定的其他事项。

司法行政机关对司法鉴定机构进行监督、检查时，可以依法查阅或者要求司法鉴定机构报送有关材料。司法鉴定机构应当如实提供有关情况和材料。司法行政机关对司法鉴定机构进行资质评估，对司法鉴定质量进行评估。评估结果向社会公开。

二、申请登记

司法鉴定机构的登记事项包括：名称、住所、法定代表人或者鉴定机构负责人、资金数额、仪器设备和实验室、司法鉴定人、司法鉴定业务范围等。法人或者其他组织申请从事司法鉴定业务，应当具备下列条件：①有自己的名称、住所。②有不少于20万~100万元人民币的资金。③有明确的司法鉴定业务范围。④有在业务范围内进行司法鉴定必需的仪器、设备。⑤有在业务范围内进行司法鉴定所必需的依法通过计量认证或者实验室认可的检测实验室。⑥每项司法鉴定业务有三名以上司法鉴定人。

法人或者其他组织申请从事司法鉴定业务，应当提交下列申请材料：①申请表。②证明申请者身份的相关文件。③住所证明和资金证明。④相关的行业资格、资质证明。⑤仪器、设备说明及所有权凭证。⑥检测实验室相关资料。⑦司法鉴定人申请执业的相关材料。⑧相关的内部管理制度材料。⑨应当提交的其他材料。申请人应当对申请材料的真实性、完整性和可靠性负责。

申请设立具有独立法人资格的司法鉴定机构，还应当提交司法鉴定机构章程，按照司法鉴定机构名称管理的有关规定向司法行政机关报核其机构名称。司法鉴定机构在本省（自治区、直辖市）行政区域内设立分支机构的，经省级司法行政机关审核登记后，方可依法开展司法鉴定活动。跨省（自治区、直辖市）设立分支机构的，除应当经拟设分支机构所在行政区域的省级司法行政机关审核登记外，还应当报经司法鉴定机构所在行政区域的省级司法行政机关同意。

司法鉴定机构应当参加司法鉴定执业责任保险或者建立执业风险金制度。

三、审核登记

法人或者其他组织申请从事司法鉴定业务，有下列情形之一的，司法行政机关不予受理，并出具不予受理决定书：①法定代表人或者鉴定机构负责人受过刑事处罚或者开除公职处分的。②法律、法规规定的其他情形。司法行政机关决定受理申请的，应当出具受理决定书，并按照法定的时限和程序完成审核工作。

司法行政机关应当组织专家，对申请人从事司法鉴定业务所必需的仪器、设备和检测实验室进行评审，评审的时间不计入审核时限。经审核符合条件的，省级司法行政机关应当作出准予登记的决定，颁发《司法鉴定许可证》；不符合条件的，作出不予登记的决定，书面通知申请人并说明理由。

《司法鉴定许可证》是司法鉴定机构的执业凭证，司法鉴定机构必须持有省级司法行政机关准予登记的决定及《司法鉴定许可证》，方可依法开展司法鉴定活动。《司法鉴定许可证》由司法部统一监制，分为正本和副本。《司法鉴定许可证》正本和副本具有同等的法律效力。《司法鉴定许可证》使用期限为五年，自颁发之日起计算。

《司法鉴定许可证》应当载明下列内容：①机构名称。②机构住所。③法定代表人或者鉴定机构负责人姓名。④资金数额。⑤业务范围。⑥使用期限。⑦颁证机关和颁证时间。⑧证书号码。

司法鉴定机构要求变更有关登记事项的，应当及时向原负责登记的司法行政机关提交变更登记申请书和相关材料，经审核符合本办法规定的，司法行政机关应当依法办理变更登记手续。司法鉴定机构变更后的登记事项，应当在《司法鉴定许可证》副本上注明。在《司法鉴定许可证》使用期限内获准变更的事项，使用期限应当与《司法鉴定许可证》的使用期限相一致。

《司法鉴定许可证》使用期限届满后，需要延续的，司法鉴定机构应当在使用期限届满三十日前，向原负责登记的司法行政机关提出延续申请，司法行政机关依法审核办理。不申请延续的司法鉴定机构，《司法鉴定许可证》使用期限届满后，由原负责登记的司法行政机关办理注销登记手续。

司法鉴定机构有下列情形之一的，原负责登记的司法行政机关应当依法办理注销登记手续：①依法申请终止司法鉴定活动的。②自愿解散或者停业的。③登记事项发生变化，不符合设立条件的。④《司法鉴定许可证》使用期限届满未申请延续的。⑤法律、法规规定的其他情形。

四、法律责任

法人或者其他组织未经登记，从事已纳入本办法调整范围司法鉴定业务的，省级司法行政机关应当责令其停止司法鉴定活动，并处以违法所得1~3倍的罚款，罚款总额最高不得超过三万元。

司法鉴定机构有下列情形之一的，由省级司法行政机关依法给予警告，并责令其改正：①超出登记的司法鉴定业务范围开展司法鉴定活动的。②未经依法登记擅自设立分支机构的。③未依法办理变更登记的。④出借《司法鉴定许可证》的。⑤组织未取得《司法鉴定人执业证》的人员从事司法鉴定业务的。⑥无正当理由拒绝接受司法鉴定委托的。⑦违反司法鉴定收费管理办法的。⑧支付回扣、介绍费，进行虚假宣传等不正当行为的。⑨拒绝接受司法行政机关监督、检查或者向其提供虚假材料的。⑩法律、法规和规章规定的其他情形。

司法鉴定机构有下列情形之一的，由省级司法行政机关依法给予停止从事司法鉴定业务三个月以上、一年以下的处罚；情节严重的，撤销登记：①因严重不负责任给当事人合法权益造成重大损失的。②具有《司法鉴定机构登记管理办法》第三十九条规定的情形之一，并造成严重后果的。③提供虚假证明文件或采取其他欺诈手段，骗取登记的。④法律、法规规定的其他情形。

司法鉴定机构在开展司法鉴定活动中因违法和过错行为应当承担民事责任的，按照民事法律的有关规定执行。司法行政机关工作人员在管理工作中滥用职权、玩忽职守造成严重后果的，依法追究相应的法律责任。司法鉴定机构对司法行政机关的行政许可和行政处罚有异议的，可以依法申请行政复议。

第三节　司法鉴定人

《司法鉴定人登记管理办法》❶对司法鉴定人管理、执业登记、权利义务、法律责任有明确的规定。

一、鉴定人管理

司法鉴定人是指运用科学技术或者专门知识对诉讼所涉及的专门性问题进行鉴别和判断并提出鉴定意见的人员。司法鉴定人经省级司法行政机关审核登记，取得《司法鉴定人执业证》，按照执业类别从事司法鉴定业务，并且需在一个司法鉴定机构中执业。司法鉴定人进行司法鉴定必须科学、客观、独立、公正，遵守法律、法规的规定，遵守职业道德和职业纪律，遵守司法鉴定管理规范。

司法鉴定管理实行行政管理与行业管理相结合的管理制度。司法行政机关对司法鉴定人及其执业活动进行指导、管理和监督、检查，司法鉴定行业协会依法进行自律管理。

司法部负责全国司法鉴定人的登记管理工作，主要职责如下：①指导和监督省级司法行政机关对司法鉴定人的审核登记、名册编制和名册公告工作。②制定司法鉴定人执业规则和职业道德、职业纪律规范。③制定司法鉴定人诚信等级评估制度并指导实施。④会同国务院有关部门制定司法鉴定人专业技术职称评聘标准和办法。⑤制定和发布司法鉴定人继续教育规划并指导实施。⑥法律、法规规定的其他职责。

省级司法行政机关负责本行政区域内司法鉴定人的登记管理工作，主要职责如下：①负责司法鉴定人的审核登记、名册编制和名册公告。②负责司法鉴定人诚信等级评估工作。③负责对司法鉴定人进行监督、检查。

---

❶ 本书引用的是 2005 年 9 月 30 日公布实施至今的《司法鉴定人登记管理办法》中的内容。

④负责对司法鉴定人违法违纪执业行为进行调查处理。⑤组织开展司法鉴定人专业技术职称评聘工作。⑥组织司法鉴定人参加司法鉴定岗前培训和继续教育。⑦法律、法规和规章规定的其他职责。

司法行政机关对司法鉴定人进行监督、检查，监督和检查的内容如下：①遵守法律、法规和规章的情况。②遵守司法鉴定程序、技术标准和技术操作规范的情况。③遵守执业规则、职业道德和职业纪律的情况。④遵守所在司法鉴定机构内部管理制度的情况。⑤法律、法规和规章规定的其他事项。

二、执业登记

司法鉴定人登记事项包括姓名、性别、出生年月、学历、专业技术职称或者行业资格、执业类别、执业机构等。个人申请从事司法鉴定业务应具备条件：①拥护中华人民共和国宪法，遵守法律、法规和社会公德，品行良好的公民。②具有相关的高级专业技术职称；或者具有相关的行业执业资格或者高等院校相关专业本科以上学历，从事相关工作五年以上。③申请从事经验鉴定型或者技能鉴定型司法鉴定业务的，应当具备相关专业工作十年以上经历和较强的专业技能。④所申请从事的司法鉴定业务，行业有特殊规定的，应当符合行业规定。⑤拟执业机构已经取得或者正在申请《司法鉴定许可证》。⑥身体健康，能够适应司法鉴定工作需要。

有下列情形之一的，不得申请从事司法鉴定业务：①因故意犯罪或者职务过失犯罪受过刑事处罚的。②受过开除公职处分的。③被司法行政机关撤销司法鉴定人登记的。④所在的司法鉴定机构受到停业处罚，且处罚期未满的。⑤无民事行为能力或者限制行为能力的。⑥法律、法规和规章规定的其他情形。

个人申请从事司法鉴定业务，由拟执业的司法鉴定机构向司法行政机关提交下列材料：①申请表。②身份证、专业技术职称、行业执业资格、学历、符合特殊行业要求的相关资格、从事相关专业工作经历、专业技术水平评价及业务成果等证明材料。③应当提交的其他材料。个人兼职从事司法鉴定业务的，应当符合法律、法规的规定，并提供所在单位同意其兼职从事司法鉴定业务的书面意见。

《司法鉴定人执业证》由司法部统一监制，是司法鉴定人的执业凭证，自颁发之日起，使用期限为五年。《司法鉴定人执业证》载明下列内容：①姓名。②性别。③身份证号码。④专业技术职称。⑤行业执业资格。⑥执业类别。⑦执业机构。⑧使用期限。⑨颁证机关和颁证时间。⑩证书号码。

三、权利义务

司法鉴定人享有以下权利：①了解、查阅与鉴定事项有关的情况和资料，询问与鉴定事项有关的当事人、证人等。②要求鉴定委托人无偿提供鉴定所需要的鉴材、样本。③进行鉴定所必需的检验、检查和模拟实验。④拒绝接受不合法、不具备鉴定条件或者超出登记的执业类别的鉴定委托。⑤拒绝解决、回答与鉴定无关的问题。⑥鉴定意见不一致时，保留不同意见。⑦接受岗前培训和继续教育。⑧获得合法报酬。⑨法律、法规规定的其他权利。

司法鉴定人应当履行以下义务：①受所在司法鉴定机构指派按照规定时限独立完成鉴定工作，并出具鉴定意见。②对鉴定意见负责。③依法回避。④妥善保管送鉴的鉴材、样本和资料。⑤保守在执业活动中知悉的国家秘密、商业秘密和个人隐私。⑥依法出庭作证，回答与鉴定有关的询问。⑦自觉接受司法行政机关的管理和监督、检查。⑧参加司法鉴定岗前培训和继续教育。⑨法律、法规规定的其他义务。

四、法律责任

未经登记的人员从事司法鉴定业务，由省级司法行政机关责令其停止司法鉴定活动，并处以违法所得1~3倍的罚款，罚款总额最高不得超过三万元。司法鉴定人有下列情形之一的，由省级司法行政机关依法给予警告，并责令其改正：①同时在两个以上司法鉴定机构执业的。②超出登记的执业类别执业的。③私自接受司法鉴定委托的。④违反保密和回避规定的。⑤拒绝接受司法行政机关监督、检查，或者向其提供虚假材料的。⑥法律、法规和规章规定的其他情形。

司法鉴定人有下列情形之一的，由省级司法行政机关给予停止执业三个月以上、一年以下的处罚；情节严重的，撤销登记；构成犯罪的，依法追究刑事责任：①因严重不负责任给当事人合法权益造成重大损失的。②提供虚假证明文件或者采取其他欺诈手段，骗取登记的。③经人民法院依法通知，非法定事由拒绝出庭作证的。⑤故意做虚假鉴定的。

司法鉴定人在执业活动中，因故意或者重大过失行为给当事人造成损失的，其所在的司法鉴定机构在依法承担赔偿责任后，可以向有过错行为的司法鉴定人追偿。司法行政机关工作人员在管理工作中滥用职权、玩忽职守造成严重后果的，依法追究相应的法律责任。司法鉴定人对司法行政机关的行政许可和行政处罚存有异议的，可以依法申请行政复议。

司法鉴定人要求变更有关登记事项的，应当及时通过所在司法鉴定机构向原负责登记的司法行政机关提交变更登记申请书和相关材料，经审核符合本办法规定的，司法行政机关应当依法办理变更登记手续。《司法鉴定人执业证》使用期限届满后，需要继续执业的，司法鉴定人应当在使用期限届满三十日前通过所在司法鉴定机构，向原负责登记的司法行政机关提出延续申请，司法行政机关依法审核办理。不申请延续的司法鉴定人，《司法鉴定人执业证》使用期限届满后，由原负责登记的司法行政机关办理注销登记手续。

司法鉴定人有下列情形之一的,原负责登记的司法行政机关应当依法办理注销登记手续:①依法申请终止司法鉴定活动的。②所在司法鉴定机构注销或者被撤销的。③《司法鉴定人执业证》使用期限届满未申请延续的。④法律、法规规定的其他情形。

第二章 软件知识产权司法鉴定的相关法

第一节 计算机软件保护条例

《计算机软件保护条例》❶是软件知识产权司法鉴定中主要的鉴定依据之一,对软件知识产权司法鉴定采用的技术、方法、标准都有着至关重要的影响。

该条例第二条对计算机程序、文档、软件开发者、软件著作权进行了明确的界定。其中,对于计算机程序和文档的界定,以及"同一计算机程序的源程序和目标程序为同一作品"的规定,作为软件知识产权司法鉴定的根本性依据。

该条例第六条规定:"本条例对软件著作权的保护不延及开发软件所用的思想、处理过程、操作方法或者数学概念等。"该条对软件著作权保护的客体作出了进一步的限定。在司法鉴定实践中,基于著作权的软件知识产权司法鉴定中对软件同一性、特别是对软件源代码的同一性比对,其比对原则和比对方法均受到该条款的限制。

该条例第七条规定:"软件登记机构发放的登记证明文件是登记事项的初步证明。"该条对软件著作权的权属效力进行了规定。在司法鉴定实践中,多以软件著作权登记证书作为权属证明。因此,对软件源代码和软件著作权登记时提交的源代码进行同一性比对,以便进行软件确权的鉴定也是较为普遍的。

---

❶ 本书引用内容为2001年12月20日中华人民共和国国务院令第339号,根据2011年1月8日《国务院关于废止和修改部分行政法规的决定》第一次修订,根据2013年1月30日《国务院关于修改〈计算机软件保护条例〉的决定》第二次修订的《计算机软件保护条例》。

该条例第十六条规定软件的合法复制品所有人享有下列权利："（一）根据使用的需要把该软件装入计算机等具有信息处理能力的装置内。（二）为了防止复制品损坏而制作备份复制品。这些备份复制品不得通过任何方式提供给他人使用，并在所有人丧失该合法复制品的所有权时，负责将备份复制品销毁。（三）为了把该软件用于实际的计算机应用环境或者改进其功能、性能而进行必要的修改；但是，除合同另有约定外，未经该软件著作权人许可，不得向任何第三方提供修改后的软件。"该条例对软件的复制、传播进行了限制，在对于软件源代码、目标代码的非公知性鉴定中，判断软件是否"简单容易获得"是需要考虑的因素。

该条例第二十九条规定："软件开发者开发的软件，由于可供选用的表达方式有限而与已经存在的软件相似的，不构成对已经存在软件的著作权的侵犯。"该条作为软件知识产权司法鉴定中源代码同一性比对的参考因素，经常作为软件侵权案件的抗辩理由。由于"表达方式有限"的判断存在主观判断上的差异，因此在司法鉴定实践中，相同的鉴定材料，不同的鉴定机构或鉴定人给出截然相反的鉴定意见也是时有发生的。

第二节 中华人民共和国反不正当竞争法

《中华人民共和国反不正当竞争法》❶与软件知识产权司法鉴定具有关联性。软件相关技术的非公知性鉴定源于侵犯商业秘密诉讼，其主要依据之一便是反不正当竞争法。

该法第十条规定："商业秘密是指不为公众所知悉、能为权利人带来经济利益、具有实用性并经权利人采取保密措施的技术信息和经营信息。"对商业秘密的构成要件进行了规定，即非公知性、价值性（经济价值和实用价值）、保密性。在软件知识产权诉讼过程中，价值性和保密性由法官判

---

❶ 本书引用的是1993年12月1日起实施至今的《中华人民共和国反不正当竞争法》中的内容。

断，非公知性的判断则需要具有专业技术知识的司法鉴定人进行判断。

《中华人民共和国刑法》❶，国家工商行政管理局《关于禁止侵犯商业秘密行为的若干规定（修正）》❷ 中均提及商业秘密的概念。

第三节　中华人民共和国刑法

《中华人民共和国刑法》中对于侵犯著作权的相关规定，适用于计算机软件著作权侵权，在软件司法鉴定中作为鉴定的法律依据之一。《中华人民共和国刑法》第二百一十七条规定："以营利为目的，有下列侵犯著作权情形之一，违法所得数额较大或者有其他严重情节的，处三年以下有期徒刑或者拘役，并处或者单处罚金；违法所得数额巨大或者有其他特别严重情节的，处三年以上七年以下有期徒刑，并处罚金：（一）未经著作权人许可，复制发行其文字作品、音乐、电影、电视、录像作品、计算机软件及其他作品的。（二）出版他人享有专有出版权的图书的。（三）未经录音录像制作者许可，复制发行其制作的录音录像的。（四）制作、出售假冒他人署名的美术作品的。"

"以营利为目的，未经著作权人许可，复制发行其文字作品、音乐、电影、电视、录像作品、计算机软件及其他作品，或者出版他人享有专有出版权的图书，或者未经录音、录像制作者许可，复制发行其制作的录音、录像，或者制作、出售假冒他人署名的美术作品，涉嫌下列情形之一的，应予立案追诉：（一）违法所得数额三万元以上的。（二）非法经营数额五万元以上的。（三）未经著作权人许可，复制发行其文字作品、音乐、电影、电视、录像作品、计算机软件及其他作品，复制品数量合计五百张（份）以上的。（四）未经录音录像制作者许可，复制发行其制作的录音录

---

❶ 本书引用内容为 2015 年 11 月 1 日起实施至今的《中华人民共和国刑法》。

❷ 本书引用内容为 1995 年 11 月 23 日起实施，1998 年 12 月 3 日修订的《关于禁止侵犯商业秘密行为的若干规定（修正）》。

像制品，复制品数量合计五百张（份）以上的。（五）其他情节严重的情形"。

以刊登收费广告等方式直接或者间接收取费用的情形，属于本条规定的"以营利为目的"。

在软件司法鉴定中，对于软件的侵权方式和侵权数量相关的鉴定需要参考该规定。

第四节 最高人民法院关于审理不正当竞争民事案件应用法律若干问题的解释

《中华人民共和国反不正当竞争法》对于商业秘密的含义进行了限定，我国《最高人民法院关于审理不正当竞争民事案件应用法律若干问题的解释》[1]则进一步对商业秘密的构成要件"不为公众知悉"进行了进一步的解释。

该解释第九条规定："有关信息不为其所属领域的相关人员普遍知悉和容易获得，应当认定为反不正当竞争法第十条第三款规定的'不为公众所知悉'。"

具有下列情形之一的，可以认定有关信息不构成不为公众所知悉："（一）该信息为其所属技术或者经济领域的人的一般常识或者行业惯例。（二）该信息仅涉及产品的尺寸、结构、材料、部件的简单组合等内容，进入市场后相关公众通过观察产品即可直接获得。（三）该信息已经在公开出版物或者其他媒体上公开披露。（四）该信息已通过公开的报告会、展览等方式公开。（五）该信息从其他公开渠道可以获得。（六）该信息无须付出一定的代价而容易获得。"

在软件知识产权司法鉴定实践中，对于一项软件技术是否为公众所知

---

[1] 本书引用内容为最高人民法院审判委员会第1412次会议通过，2007年2月1日公布实施至今的《最高人民法院关于审理不正当竞争民事案件应用法律若干问题的解释》。

悉，很难从正面加以证明。该解释使判断软件技术不为公众所知悉具有更加实际的鉴定方案，即通过对上面列举情形进行一一排除。

第五节　北京市高级人民法院关于审理计算机软件著作权纠纷案件几个问题的意见

《北京市高级人民法院关于审理计算机软件著作权纠纷案件几个问题的意见》❶中对于证据和侵权方法认定的规定，对软件知识产权司法鉴定的案件受理条件和软件侵权比对具有法律约束。

该意见的证据部分规定："当事人在收集证据时，可以委托公证机关公证其收集的证据、收集证据的方法的真实性、合法性。对经过公证机关公证的证据，法院应依照《民事诉讼法》第六十七条直接认定其效力，但有相反证据足以推翻公证证明的除外。当事人收集证据确有困难，而该证据又很重要的，可以请求法院依职权收集，但当事人应提供证据线索。"这一条的内容与接受知识产权司法鉴定业务的基本条件具有重合性，即"鉴定材料必须是合法的"。

该意见的侵权认定方法部分规定："（一）对于原告关于被告的软件是原告软件复制品的指控，被告予以承认的，不需对双方的软件再做勘验、演示或鉴定。（二）使用他人软件部分构成被使用软件的必要部分、主要部分或实质部分的，构成侵权。"这一条明确了侵权的判定条件，因此，判断软件相同或相似部分在软件中所起的作用，也是软件知识产权司法鉴定中的一项工作内容。

---

❶ 本书引用内容为北京市高级人民法院 1995 年 6 月 21 日公布实施至今的《北京市高级人民法院关于审理计算机软件著作权纠纷案件几个问题的意见》。

鉴定技术篇

第三章 软件知识产权司法鉴定概论

第一节 软件知识产权司法鉴定相关概念

一、司法鉴定

司法鉴定是指在诉讼活动中鉴定人运用科学技术或者专门知识对诉讼所涉及的专门性问题进行鉴别和判断并提供鉴定意见的活动。❶

二、知识产权司法鉴定

知识产权司法鉴定是指依法取得有关知识产权司法鉴定资格的鉴定机构和鉴定人受司法机关或当事人委托,根据技术专家对本领域公知技术及相关专业技术的了解,并运用必要的检测、化验、分析手段,对被侵权的技术和相关技术的特征是否相同或者等同进行认定;对技术转让合同标的是否成熟、实用,是否符合合同约定标准进行认定;对技术开发合同履行失败是否属于风险责任进行认定;对技术咨询、技术服务以及其他各种技术合同履行结果是否符合合同约定,或者有关法定标准进行认定;对技术秘密是否构成法定技术条件进行认定;对其他知识产权诉讼中的技术争议进行鉴定并提供鉴定结论的活动。

三、计算机司法鉴定

计算机司法鉴定是指依法取得有关计算机司法鉴定资格的鉴定机构和

---

❶ 全国人大常委会《关于司法鉴定管理问题的决定》第一条。

鉴定人受司法机关或当事人委托，运用计算机理论和技术，对通过非法手段使计算机系统内数据的安全性、完整性或系统正常运行造成的危害行为及其程度等进行鉴定并提供鉴定结论的活动。

四、声像资料司法鉴定

声像资料鉴定，包括对录音带、录像带、磁盘、光盘、图片等载体上记录的声音、图像信息的真实性、完整性及其所反映的情况过程进行的鉴定和对记录的声音、图像中的语言、人体、物体作出种类或者同一认定。

五、司法鉴定机构

司法鉴定机构是司法鉴定人的执业机构，经省级司法行政机关审核登记，取得《司法鉴定许可证》，在登记的司法鉴定业务范围内，开展司法鉴定活动。

六、司法鉴定人

司法鉴定人是指运用科学技术或者专门知识对诉讼所涉及的专门性问题进行鉴别和判断并提出鉴定意见的人员。

七、司法鉴定材料

鉴定材料包括检材和鉴定资料。检材是指与鉴定事项有关的生物检材和非生物检材；鉴定资料是指存在于各种载体上与鉴定事项有关的记录。

八、司法鉴定文书

司法鉴定文书包括《司法鉴定意见书》和《司法鉴定检验报告书》。《司法鉴定意见书》是司法鉴定机构和司法鉴定人对委托人提供的鉴定材料进行检验、鉴别后出具的记录司法鉴定人专业判断意见的文书，一般包括标题、编号、基本情况、检案摘要、检验过程、分析说明、鉴定意见、落款、附件及附注等内容。

《司法鉴定检验报告书》是司法鉴定机构和司法鉴定人对委托人提供的鉴定材料进行检验后出具的客观反映司法鉴定人的检验过程和检验结果的文书，一般包括标题、编号、基本情况、检案摘要、检验过程、检验结果、落款、附件及附注等内容。

九、计算机程序

世界知识产权组织对计算机程序的定义是："存在于计算机可读介质中，能够使具有信息处理能力的机器执行特定任务、功能或结果的指令集合。"计算机程序一般会经过概念算法、伪码、源码、目标码四个阶段的生命周期演化，而形成算法、代码、用户接口、开发文档等四类开发成果。

我国《计算机软件保护条例》对计算机程序的定义是："为了得到某种结果而可以由计算机等具有信息处理能力的装置执行的代码化指令序列，或者可以被自动转换成代码化指令序列的符号化指令序列或者符号化语句序列。"同一计算机程序的源程序和目标程序为同一作品。

十、软件源程序

源程序也称源代码，是指未经编译的，按照一定的程序设计语言规范书写的，人类可读的文本文件。源代码可以是以书籍或者磁带的形式出现，但最为常用的格式是文本文件。这种典型格式的目的是为了编译出计算机程序。计算机源代码的最终目的是将人类可读的文本翻译成为计算机可以执行的二进制指令，这种过程称为编译，通过编译器完成。

31

十一、软件目标程序

目标程序也称目标代码，是源程序经编译可直接被计算机运行的机器码集合，由语言处理程序（汇编程序、编译程序、解释程序）将源程序处理（汇编、编译、解释）成与之等价的、由机器码构成的、计算机能够直接运行的程序，该程序叫目标程序。

十二、商业秘密

商业秘密是指不为公众所知悉、能为权利人带来经济利益、具有实用性，并经权利人采取保密措施的技术信息和经营信息。

十三、同一性鉴定

同一性鉴定也称相似性鉴定，是判断被诉方的技术信息是否与鉴定委托人的技术信息相同或实质相似的鉴定。

十四、非公知性鉴定

非公知性鉴定也称秘密性鉴定，是判断鉴定委托人主张的技术信息是否构成属于技术秘密的法定条件的鉴定。

第二节 软件知识产权司法鉴定事项分析

软件知识产权司法鉴定隶属于知识产权司法鉴定范畴，其鉴定事项受限于知识产权司法鉴定。就鉴定性质来说，鉴定事项分为非公知性鉴定和同一性鉴定两大类。就鉴定对象来说，涉及软件源代码、目标代码、软件产品、软件相关文档、数据库结构、数据结构、软件算法、非代码文件、技术合同等。

第三章 软件知识产权司法鉴定概论

本书结合软件的具体技术特征，以及知识产权司法鉴定的内容限定，依据鉴定性质、鉴定对象划分软件知识产权司法鉴定事项主要范围，如图3-1所示。

```
                            ┌── 非公知性鉴定
                   源代码 ───┤
                            └── 同一性鉴定
                            ┌── 非公知性鉴定
                  目标代码 ──┤
                            └── 同一性鉴定
                  软件产品 ── 同一性鉴定
                            ┌── 非公知性鉴定
                软件相关文档─┤
                            └── 同一性鉴定
  软件知识产权              ┌── 非公知性鉴定
     司法鉴定 ──  数据库结构─┤
                            └── 同一性鉴定
                            ┌── 非公知性鉴定
                  数据结构 ──┤
                            └── 同一性鉴定
                            ┌── 非公知性鉴定
                  软件算法 ──┤
                            └── 同一性鉴定
                 非代码文件── 同一性鉴定
                            ┌── 合同履行结果是否满足合同约定
                     合同 ──┤
                            └── 合同履行失败的风险责任认定
```

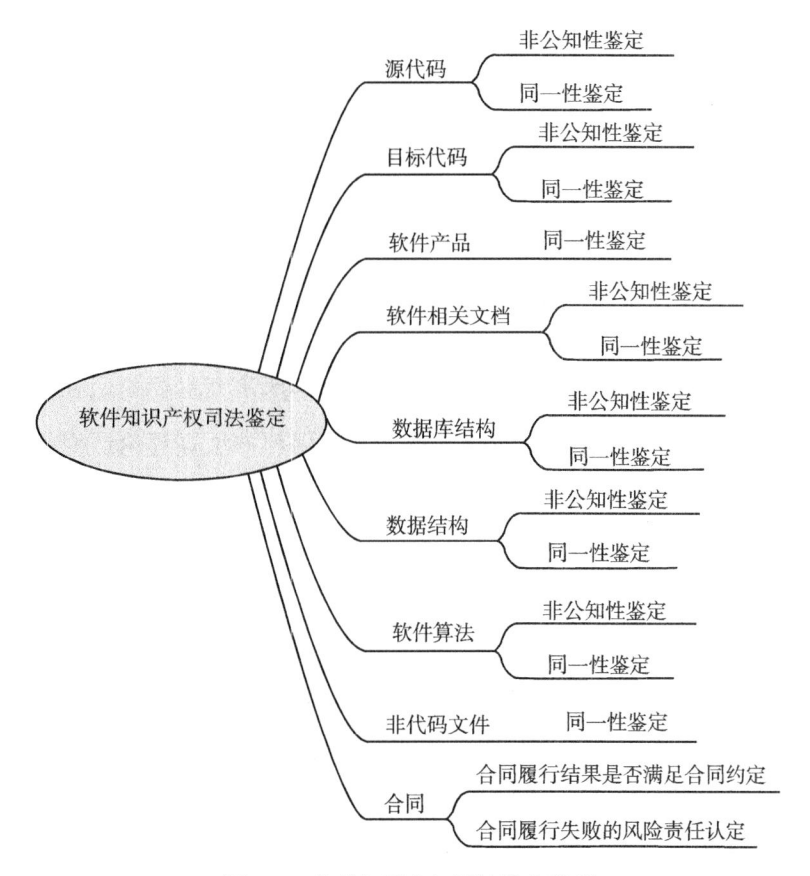

图 3-1 软件知识产权司法鉴定事项

在各类软件知识产权司法鉴定事项中，首先是软件源代码的非公知性鉴定、同一性鉴定，目标代码的同一性鉴定，数据库结构的非公知性鉴定、同一性鉴定是最为普遍的鉴定事项；其次是软件产品的同一性鉴定，技术合同鉴定；目标代码的非公知性鉴定，软件算法的非公知性鉴定、同一性鉴定，数据结构的非公知性鉴定、同一性鉴定，软件文档的非公知性鉴定、同一性鉴定，以及非代码文件的同一性鉴定不为常见。

本书结合笔者在软件知识产权司法鉴定实践中的工作经历，重点研究软件源代码的非公知性鉴定、同一性鉴定，目标代码的非公知性鉴定、同一性鉴定，软件产品的同一性鉴定，跨编程语言的鉴定问题，数据库结构的非公知性鉴定、同一性鉴定，以及非程序文件的同一性鉴定。

第三节 软件知识产权司法鉴定研究现状分析

一、软件知识产权司法鉴定的学术研究

我国学者对于软件知识产权司法鉴定的学术研究主要集中在两方面：一是软件知识产权司法鉴定的相关概念、原则和方法等理论层面的探讨。如韩小燕（1998）[1]对软件知识产权侵权现象进行分类总结。冯金成（2005）[2]从计算机司法鉴定角度阐述计算机犯罪的定义与司法鉴定内容。罗苏平（2005）[3]探讨软件源程序在知识产权司法鉴定中的重要意义。李维（2008）[4]提出软件著作权的鉴定原则和方法。二是集中在针对软件产品同一性或相似性鉴定技术层面的研究。如陈雪（2005）[5]通过对一起经最高人民法院民事庭指令再审的软件侵权纠纷案进行述评，认为软件相似性鉴定应根据实际情况，采用最有效的鉴定方法，而不应只限于在编码层进行鉴定。赵丙秀（2007）[6]研究利用软件流程比对、功能点比对、界面比对、文件比对和安装过程比对，对提供二进制代码的计算机软件产品进行鉴定的方法。张益成（2008）[7]从鉴定实践中总结软件产品的鉴定技术和方法，重点介绍了 EXE、OCX、DLL、LIB、FBL 文件的同一性鉴定。陈小静（2013）[8]结合计算机软件技术信息的特殊性，以目标代码、源代码探讨计算机软件技术秘密性鉴定和相似性鉴定方法。刘惠萍（2013）[9]结合具体案例，从技术角度研究 Microsoft Offic PowerPoint 演示文稿的同一性鉴定方法。

二、软件知识产权司法鉴定相关标准规范

《司法鉴定通则》中规定了司法鉴定人进行司法鉴定应首先遵守国家标准，其次是行业标准和技术规范，最后是该专业领域多数专家认可的技术方法。从中可以看出司法鉴定技术标准规范对于司法鉴定实施的重要性。

然而，软件知识产权司法鉴定领域相关标准规范缺乏。一方面是由于软件范围广泛，软件技术复杂，涉及鉴定内容多样，不容易建立统一的标准规范；另一方面，由于软件知识产权纠纷的发展是在最近几年才骤然增加，标准规范的制定需要不断的探索、不断积累才能满足司法鉴定实践的需求。这也是作者撰写这本书的原因之一。

第四章 软件源代码鉴定技术

第一节 软件源代码非公知性鉴定

由于以主张著作权进行软件知识产权民事诉讼的时间周期较长，越来越多的软件企业在知识产权遭到侵犯时，采取以侵犯商业秘密为由的刑事诉讼，以此对侵权人形成心理威慑，达到快速阻止侵权的目的。在此过程中，作为商业秘密关键要素的软件非公知性成为诉讼的先决条件之一。在此背景下，软件非公知性鉴定案件数量骤然增多。其中，最主要的是针对软件源代码的非公知性鉴定。由于软件技术复杂和鉴定人知识有限，使软件非公知性鉴定相对于同一性鉴定具有更大的操作难度。本节从软件源代码非公知性鉴定的法律依据入手，分析影响源代码非公知性的最主要的八项因素，进而提出司法鉴定人进行软件源代码非公知性鉴定的流程。同时，本节还探讨了作为软件算法或核心技术的源代码非公知性鉴定思路。

一、软件源代码非公知性鉴定的背景与法律依据

非公知性鉴定源于商业秘密诉讼。《中华人民共和国刑法》《中华人民共和国反不正当竞争法》，国家工商行政管理局《关于禁止侵犯商业秘密行为的若干规定（修正）》中均提及商业秘密的概念。商业秘密是指不为公众所知悉、能为权利人带来经济利益、具有实用性并经权利人采取保密措施的技术信息和经营信息。由此可以看出，构成商业秘密的要件有：非公知性、价值性（经济价值和实用价值）、保密性。在诉讼过程中，价值性和保密性由法官判断，非公知性的判断则需要具有专业技术知识的司法鉴定人进行判断。软件源代码的技术特性显著，非公知性的判断自然成为司法

鉴定的鉴定对象。

对于有关技术信息的非公知性判断，我国《最高人民法院关于审理不正当竞争民事案件应用法律若干问题的解释》第九条规定："有关信息不为其所属领域的相关人员普遍知悉和容易获得，应当认定为反不正当竞争法第十条第三款规定的'不为公众所知悉'。"

"具有下列情形之一者，可以认定有关信息不构成不为公众所知悉：（一）该信息为其所属技术或者经济领域的人的一般常识或者行业惯例。（二）该信息仅涉及产品的尺寸、结构、材料、部件的简单组合等内容，进入市场后相关公众通过观察产品即可直接获得。（三）该信息已经在公开出版物或者其他媒体上公开披露。（四）该信息已通过公开的报告会、展览等方式公开。（五）该信息从其他公开渠道可以获得；（六）该信息无须付出一定的代价而容易获得。"

司法鉴定中很难从正面直接判断一个技术信息具有非公知性，鉴定实践中多通过对上面列举情形进行一一排除，最终给出鉴定意见。为此，笔者结合软件源代码的具体特征，对上面列出的情形进行进一步细化，分析影响源代码非公知性的主要因素，提出应对措施，建立鉴定思路。

二、软件源代码非公知性鉴定方法

（一）影响源代码非公知性的技术因素分析

在建立源代码非公知性鉴定思路之前，本节首先结合软件源代码的技术特征分析总结影响源代码非公知性的技术因素，具体归纳为以下八项主要因素。

1. 通过反编译可以获得的源代码

一些高级计算机语言编写的软件程序，在没有对目标程序进行加密或混淆技术处理的情况下，很容易通过目标程序反编译得到其对应的源代码，而且反编译得到的源代码与生成目标程序的原始源代码相似程度较高、可读性较强，是影响源代码非公知性的一个重要因素。目前，在常见的软件源代码非公性鉴定中，由 C、C++、VB 等语言编写的软件程序不容易被反编译；由 JAVA、.NET 平台下的编程语言（如 C#、VB.NET、C++.NET、F#.NET）编写的软件程序容易被反编译；由 Delphi 设计的软件程序中窗体代码容易被反编译，而逻辑执行部分代码不容易被反编译。

在对源代码进行非公知性鉴定时，如果能够通过反编译得到源代码，一般认为其具有公知性。但有两种情况除外，一是软件销售时对目标程序采用了加密或混淆的技术方式阻止反编译的实施；二是无法获得目标代码，即无法获得反编译的对象。例如，在软件销售时与客户签订保密协议限制客户向非授权用户进行软件目标程序的复制，从而使其他非授权用户很难获得目标程序，也就难以获得反编译的对象。又如，由于目标代码存在的方式比较复杂，无法通过简单的方法从销售的产品中获取目标代码，所以也就难以获得反编译的对象。

2. B/S 架构下浏览器可获得的源代码

随着互联网技术的发展，B/S（Browser/Server，浏览器/服务器）架构的软件程序已经成为主要的软件应用模式。在这种架构下，用户工作界面通过浏览器来实现，主要业务逻辑都在服务器端实现，极少部分业务逻辑在浏览器端实现。对于源代码来说，一部分在服务器端经过编译以后成为目标码，在服务器端运行；一部分没有经过编译的脚本，由客户端浏览器运行。比如，用 C#或 JAVA 设计的 B/S 系统，服务器端运行 C#或 JAVA 目标程序，而用于进行页面显示控制或简单业务逻辑实现的 JAVASCRIPT 脚本、CSS 样式单、HTML 页面、图片等都是由客户端的浏览器来运行或显示的。对于客户端来说，这些脚本、样式单、网页和图片是可获得的。如果基于 B/S 架构的程序面向公众用户，那么运行于浏览器端的各种源代码具有公知性。

在司法鉴定中，根据程序开发和运行环境判断程序是否为 B/S 架构，再结合程序面向的用户，判断源代码是否具有非公知性。

3. 自动生成的源代码

计算机自动生成的源代码，是指非程序编写人员直接编写的源代码，而是采用一些辅助的软件工具得到的源代码。其非公知性不能简单地通过代码本身去判断，需要结合代码自动生成的条件综合考虑。典型的自动生成的源代码包括集成开发环境（Integrated Development Environment，IDE）自动生成的窗体代码，基于数据库结构的代码生成器自动生成的数据库操作源代码，基于 UML 统一建模语言生成的源代码，以及通过语言转化工具转化的其他编程语言源代码。

IDE 自动生成的窗体源代码，如采用.NET 平台下的编程语言、Delphi 语言、VB6.0 语言进行窗体程序的开发。这类程序的窗体布局代码，大多是程序设计人员将设计好的控件"拖"到窗体后由集成开发环境自动生成。除非特别复杂的控件布局，其他程序设计人员可以通过观察程序运行效果对其界面进行模仿，得到相同或相似窗体代码。这类窗体代码除与业务功能源代码混合外，在司法鉴定实践中不宜鉴定为具有非公知性。

基于数据库结构的代码生成器自动生成的数据库操作源代码。目前，JAVA 和 C#语言的代码生成器较多。其中，一些代码生成器根据数据库结构设计自动生成数据库操作相关的源代码。应用比较普遍的代码生成器包括动软代码生成器[10]、CodeSmith[11]、MyGeneration[12]等。比如，动软代码生成器根据数据库结构设计生成数据层、业务层 C#源代码。对于这类源代码的非公知性鉴定，本质上是由生成这些源代码的输入条件——数据库结构——决定的。因此，在司法鉴定过程中这类源代码的非公知性，本质上是由数据库结构的非公知性决定的。

基于 UML 统一建模语言生成的源代码。在面向对象应用程序开发不断发展的时代，UML 不仅支持面向对象的分析和设计，而且可以支持从需求分析到系统实现的软件开发的全过程，它代表了面向对象的软件开发技术的发展方向。因此，学术研究和开发实践中，利用UML自动生成源代码的代码生成工具被设计开发出来，用于软件的设计。这类代码的非公知性同样由产生这些代码的UML决定。

语言转化工具用来对不同编程语言的源代码进行转化，以便增强源代码的重复利用能力。典型的有JAVA转C#工具、.Net平台下各种语言相互转化工具。对于通过转化工具生成的源代码非公知性鉴定，要考虑转化前原始源代码的非公知性。

除此之外，还有一些基于特定的开发工具和开发平台设计的软件系统，其源代码也存在自动生成的情况。无论哪一种情况自动生成的代码，在对其进行非公知鉴定时，都要综合这些代码生成的条件进行判断，而不能仅仅从源代码本身给出鉴定意见。

对于源代码是否为自动生成的代码，需要鉴定人根据经验来判断。一般情况下，自动生成的源代码在变量、函数、类、文件的命名上遵循相同的规则，源代码的格式安排、空行、空格、注释的使用规范等具有高度的一致性。

4. 来自开源软件的源代码

开源软件（Open Source Software，OSS），即公开源代码的软件，具备可以免费使用和公布源代码的主要特征[13]。其开放源代码使全球无数程序员和用户可以不断复制、修改、再发布开源软件源代码。大量企业为了节省人力成本、时间成本，往往会在其设计开发的软件中或多或少地使用开源软件源代码，甚至一些软件就是在开源软件的基础上进行修改得到的。因此，开源软件源代码是影响源代码非公知性的重要因素之一。

在司法鉴定实践中，对于这类源代码应认为不具有非公知性。然而，由于开源社区分散、开源软件数量众多，而鉴定人知识有限，使鉴定中如何判断源代码为来自开源软件的源代码变得十分困难。就笔者的鉴定实践

第四章　软件源代码鉴定技术

来说，可以从以下方面辅助作出判断。

第一，通过源代码的"协议声明"判断源代码来自于开源软件。一般情况下，开源软件的源代码文件头都会有开源软件遵循的协议声明。如果是简单、机械地引用这些代码，司法鉴定人员是可以通过协议声明辨识其来源和版权情况的，而这种情况在作者参与的司法鉴定案件中是出现频率最高的。

第二，利用商业或非商业开源源代码搜索引擎系统。如果程序开发人员在使用开源软件时将相关声明信息删除，或者仅仅使用了开源代码中一个片段，这时司法鉴定人员就很难发现了。目前，存在一些商业和非商业的开源源代码搜索引擎系统。这些搜索引擎系统收录了海量的开源代码，并提取开源代码技术特征。商业类搜索引擎系统的使用价格往往较高，一般根据被鉴定代码的代码量多少来收费，如 Black Duck Software[14]。非商业类的开源代码搜索引擎系统主要有 Krugle[15]、Ohlohe[16]、Docjar[17]、Google Codes[18]、CodeSoso[19]等。商业类与非商业类源代码搜索引擎系统的区别主要在于：商业类系统根据其独特算法自动提取被比对代码的技术特征进行批量比对，非商业类的搜索系统则要由搜索人员自己提取关键代码到系统中进行搜索。同时，也要注意到，由于开源数据库的收录范围有限，鉴定人不能直接给出被鉴定源代码不具有非公知性的意见，还要结合第三种方式进行综合判断。

第三，鉴定人对被鉴定代码整体进行阅读理解，发现源代码编写风格与整体风格具有差异的部分，并就差异部分的代码，分析其功能，在主要的开源社区和搜索引擎中查找与之具有类似功能的开源项目。

如果被鉴定源代码通过上面第一种方法、第二种方法和第三种方法的检测，在司法鉴定实践中一般认为其为非开源软件源代码。

5. 第三方源代码

第三方源代码是指程序设计人员由于使用了特定的软硬件平台，从平台服务商获得的与平台开发相关的、能够节省开发周期的源代码。这种源代码既可以是免费的，也可以是通过硬件采购，与硬件搭配获得的。例如，应用微软.Net平台进行软件开发的程序员，经常在自己开发的项目中使用微软企业库的免费源代码。采购了Broadcom公司硬件设备时，经常用到由其提供的与设备操作相关的源代码。对于这类源代码本领域内的程序设计人员容易通过开发经验将其识别出来。而且这类源代码基本都有版权声明信息，部分源代码会在服务商提供的硬件使用说明书中有所体现。与开源软件源代码相似，来源于第三方的源代码也是影响源代码非公知性的因素之一。对于非公知性鉴定来说，二者没有本质区别，只是在软件使用范围、条件、知识产权保护形式上有所区别。因此，在司法鉴定实践中，二者的鉴定思路相同。

6. 网络搜索或教科书中的源代码

一些软件开发人员在网络论坛中以问答的形式对完成某一特定功能的源代码实现进行提问和回答，将源代码放到网络论坛中。这种源代码一般都是比较短小的，大部分通过搜索引擎可以检索得到。另外，与程序设计相关的教科书中的一些源代码实例，特别是算法实现的源代码实例，也会在现实的软件程序中出现。这两种源代码都比较短，而且是解决程序设计当中一些通用的技术问题。这两种类型的源代码是大众非常容易获取的，直接影响源代码的非公知性。在司法鉴定中，鉴定人在阅读源代码时，根据经验，选择解决共性技术问题的源代码，并在搜索引擎中进行搜索，尽量发现这类源代码。例如，Pudn[20]、Oreilly[21]均有针对计算机书籍中的源代码搜索功能。

7. 业界通用的源代码

存在这样一类源代码，它们完成的功能是某一领域内比较通用的功能。比如，管理信息系统中常用的用户登录验证、角色管理和权限管理。这些功能都具有非常的普遍性，很多程序设计人员的设计思路和代码实现基本一致，而且这类代码经常在程序员之间、企业之间传递，有些已经成为业界通用的源代码，一般不具有非公知性。当然，有些企业从保护知识产权、促进创新角度，设计出不同于大众的源代码，则应划入具有非公知性的范畴。在鉴定实践中，鉴定人要结合具体情况具体分析。

8.表达唯一的源代码

这里所说的表达唯一，是指使用某一计算机语言编写、完成特定功能的源代码，其代码编写形式有限。例如，采用C++或C#获取计算机硬件信息的代码。这种代码由于表达形式有限，不同程序设计人员编写出相同源代码的概率比较大。因此，它们直接影响了源代码的非公知性。

司法鉴定中，在判断源代码唯一性上，需要注意两个问题：一是表达"唯一"，并不是真正的一种表达；二是以函数为划分单元，判断源代码是否表达唯一，不应孤立地判断某一行代码是否为表达唯一的源代码。

（二）源代码非公知性鉴定的适用流程

上述影响源代码非公知性因素的第1、2、3点可归结为"该信息无须付出一定的代价而容易获得"，第4、5、6点可归结为"该信息从其他公开渠道可以获得"，第7、8点可归结为"该信息为其所属技术或者经济领域的人的一般常识或者行业惯例"。在鉴定过程中，通过对这些因素的综合分析，判断源代码的非公知性。同时，可以通过建立规范化的鉴定流程，来降低鉴定人的工作强度，加快鉴定的实施。基于以上八项主要因素的分析，本节设计从简单到复杂的软件源代码非公知性鉴定流程，如图4-1所示。

首先，判断源代码是否容易获得。

在不阅读源代码功能含义条件下，理解源代码所应用的技术特征，源代码编译后的目标码运行环境特征，依次逐步深入判断源代码是否为B/S架构软件浏览器（客户端）可获得的源代码、反编译可获得的源代码、自动生成的源代码。如果三种情况均不满足，转而判断源代码是否为常识和行业惯例。

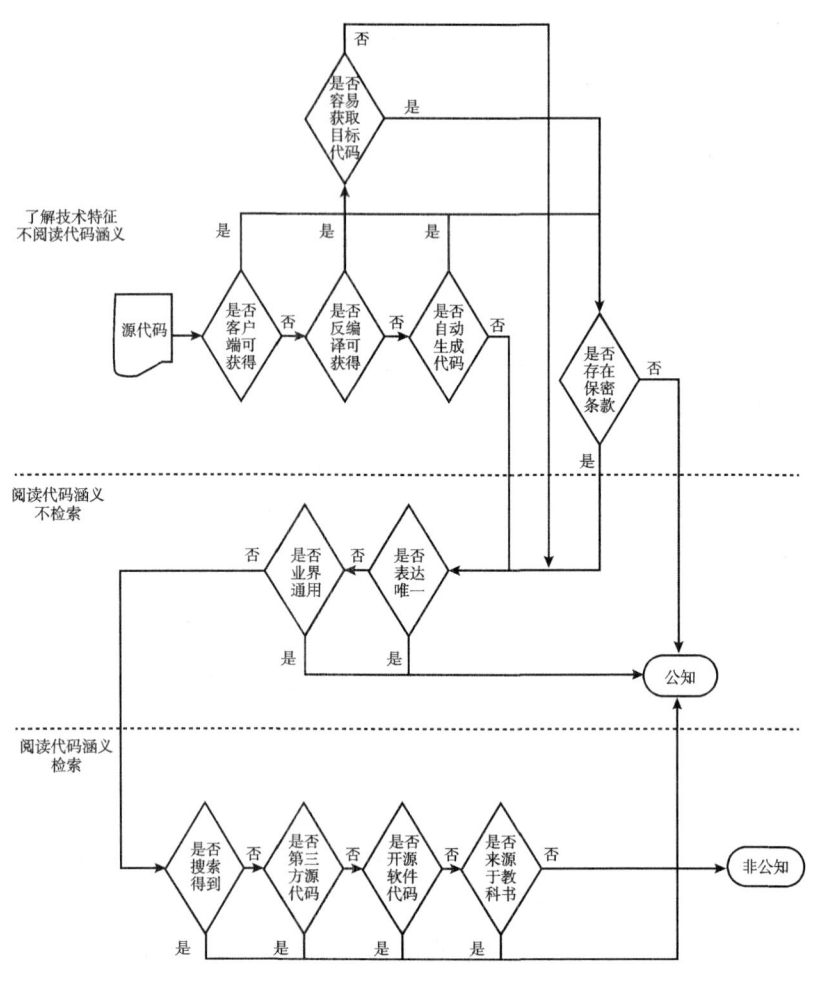

软件知识产权司法鉴定技术与方法

图 4-1 软件源代码非公知性鉴定流程

如果源代码满足（一）中"为 B/S 架构软件浏览器（客户端）可获得的源代码"或"为自动生成的源代码"或"为反编译可获得的源代码，并且容易获得目标代码"，继续看源代码的使用情况，即源代码编译的目标码构成的软件系统在销售给客户时，是否有限制客户向非授权用户进行泄露软件相关信息的保密协议。若没有保密协议，说明源代码容易获取，具有

44

公知性。若存在保密协议，转而判断源代码是否为常识和行业惯例。如果满足"为反编译可获得的源代码，但目标代码不易获取"，直接判断源代码是否为常识和行业惯例。

其次，判断源代码是否为常识和行业惯例。在不进行检索的条件下，阅读代码功能含义，根据鉴定人的知识和经验，依次判断源代码是否表达唯一、是否业界通用。满足两个条件中的任一条件，源代码即具有公知性；否则，转而判断源代码是否公开。

最后，判断源代码是否公开。鉴定人的知识是有限的，在判断源代码是否公开的问题上，鉴定人以了解技术进展、丰富知识为目的，进行基本的信息检索，是十分必要的。因此，鉴定人在理解源代码含义的条件下，应充分利用搜索引擎、开源社区等网络资源，结合自己的知识和经验积累判断源代码是否公开。如果源代码经过这一步的层层验证，那么在司法鉴定实践中一般认为源代码具有非公知性。

三、作为特征算法或核心（专有）技术的源代码非公知性鉴定

以上影响源代码非公知性的因素分析和鉴定流程，适用于大部分的源代码非公知性鉴定。但在司法鉴定实践中，往往会出现这样的情况：作为软件某个特征算法或核心（专有）技术的部分源代码具有公知性，另一部分则不具有公知性；而源于委托方的鉴定事项则是针对算法或核心技术涉及的整体源代码。针对这种情况，在鉴定实践中应从两个视角考虑，一是局部视角，二是全局视角。局部视角不考虑代码之间的调用关系、组织结构，依据图4-1的鉴定流程，针对各个部分的源代码分别给出非公知性的鉴定意见。全局视角考虑代码之间的逻辑调用关系，将这种逻辑调用关系作为源代码非公知性判断依据之一，从整体上给出鉴定意见。这是因为对于技术秘密纠纷案件中普遍存在的"某一全部由公知信息组成的技术信息

是否具有非公知性"这一问题的判断，取决于形成该技术信息的过程中，各公知要素的选取和组合是否蕴含创造性劳动。也就是说，该技术信息并不是由随意选取的公知信息进行简单罗列、堆砌而形成，而是需要以专业知识为基础，有目的、有依据地从海量公知信息中选取特定信息，并进行取舍、整合、反复校验，并最终形成可行的技术路线或方案。

在具体鉴定操作方法上，在考虑源代码之间的逻辑调用关系、组织结构时，首先通过对源代码的阅读，梳理出源代码逻辑关系"鱼骨图"，如图4-2所示。任何算法或关键技术的源代码都可以归结为代码文件、类和函数的表现形式。算法和关键技术的实现按照一条主线进行；同时，不断地调用各个代码文件、类和函数、构成支线。如果算法或核心技术主线上的源代码具有非公知性，那么整体上可以给出代码非公知性的意见。

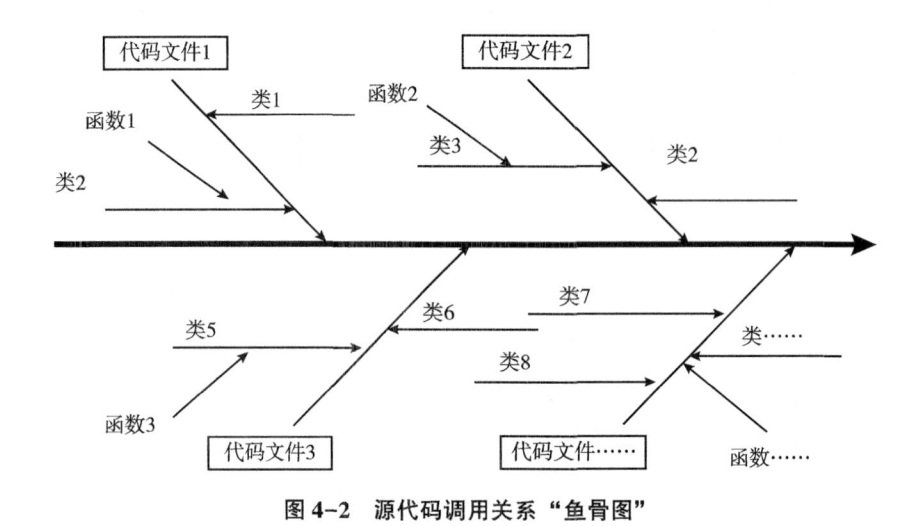

图 4-2　源代码调用关系"鱼骨图"

四、JAVA 编程语言源代码非公知鉴定

JAVA 是一种可以撰写跨平台应用软件的面向对象的程序设计语言，是由 Sun Microsystems 公司于 1995 年 5 月推出的。JAVA 程序在 JAVA 平台上

被编译为字节码格式,然后可以在实现这个JAVA平台的任何系统中运行。在运行时,JAVA平台中的JAVA解释器(JVM又称JAVA虚拟机)对这些字节码进行解释执行。在执行过程中需要的类在连接阶段被载入运行环境中。整个的编译运行过程如图4-3所示。

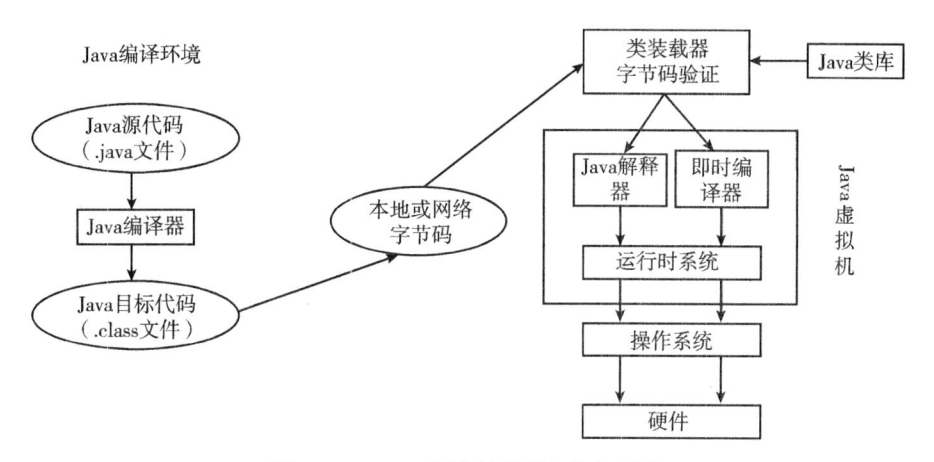

图4-3 JAVA语言的编译运行机制图

JAVA语言编写的软件目标代码以.Class格式存在,多个.Class文件可打包成.Jar文件或者.Zip文件。由于JAVA语言是解释性语言,可以通过反编译工具将.Class文件反编译成.JAVA文件,并且这个反编译过程可以通过软件工具快速地、自动地完成,反编译得到的源代码和原始源代码差异较小,可读性非常高,有时甚至可以得到与原始源代码完全一致的反编译代码。因此,在司法鉴定实践中,对于JAVA语言源代码的非公知性判断,主要集中在目标代码是否简单容易获得。如果普通用户可以通过简单的方式获取JAVA目标代码,而且这个目标代码没有进行任何的加密或混淆技术处理,那么JAVA源代码就不具有非公知性。关于有JAVA语言反编译工具的使用方法,参见第三部分JAVA反编译工具一节。

五、.NET 平台编程语言源代码非公知鉴定

.NET Framework（.NET 框架）是微软 2002 年 2 月推出的跨平台开发框架，也称.NET 平台。.NET 平台下的编程语言有 C#.NET、VB.NET、C++.NET、J#.NET、F#.NET 等。.NET 平台下编程语言的编译、执行与 JAVA 有些类似，具体编译执行过程参见".Net 平台软件跨语言鉴定"一节。同样，.NET 平台编程语言编译的目标代码容易反编译，反编译得到的源代码和原始源代码差异较小，可读性非常高，有时甚至可以得到与原始源代码完全一致的反编译代码。因此，对于.NET 平台编程语言源代码非公知性判断，同样集中在目标代码是否简单容易获得。如果普通用户可以通过简单的方式获取目标代码，而且这个目标代码没有进行任何的加密或混淆技术处理，.NET 平台语言源代码就不具有非公知性。关于有.NET 平台语言反编译工具的使用方法参见"第三部分.NET 反编译工具"一节。

六、C/C++编程语言源代码非公知鉴定

C/C++编程语言是应用最为广泛、发展历史最为久远的编程语言之一。与 JAVA、.NET 平台编程语言不同，C/C++直接编译为机器码，目标代码不容易被反编译。即便是反编译，也只能进行汇编语言的反编译，即将 C/C++目标代码反编译为汇编代码。汇编代码与原始的 C/C++源代码差异巨大，可读性较差。因此，对于 C/C++语言的源代码非公知性判断，宜采用本节的源代码非公知性判断流程。

七、基于 KV STUDIO 平台的 PLC 语言源代码非公知鉴定

KV STUDIO 是日本 KEYENCE 公司的可编程序逻辑控制器（Programmable Logic Controller，PLC）的软件开发平台，使用 KV 脚本语言编写，它

能自动转换为梯形图语言（一种 PLC 编程语言）执行。基于该平台编写并烧录到硬件设备中的源代码或目标代码的非公知性决定因素是，这些源代码或目标代码是否简单容易地获取。因为 PLC 目标代码容易实现反编译，易于破坏 PLC 代码的非公知性。但是，KV STUDIO 平台具有写保护的功能，在烧录过程中，可以控制目标代码不能简单容易地进行拷贝。因此，进行 KV STUDIO 平台的 PLC 语言源代码非公知性鉴定，首先判断目标代码是否进行了写保护，之后再依据图 4-1 的流程进行判断。

以源代码非公知性鉴定为支撑的软件商业秘密维权案件迅速增加，在看到这种方式对知识产权保护起到积极作用的同时，也应注意到其对促进市场竞争、技术进步、防止知识产权滥用上的弊端。无论是对诉讼的控诉方而言，还是被诉方，源代码非公知性对于整个诉讼起到了至关重要的作用。一旦诉讼成功，对被诉方的处罚力度较大。因此，软件源代码非公知性鉴定，对鉴定人的技术能力、鉴定经验和职业道德都提出了极高的要求。

第二节　软件源代码同一性鉴定

无论是以主张著作权进行的软件知识产权民事或刑事诉讼，还是以主张商业秘密进行的软件知识产权刑事诉讼，在涉及软件源代码层面的问题时，一般都需要对源代码的同一性进行司法鉴定，以辅助判断诉讼双方源代码是否相同或相似。软件源代码同一性鉴定已成为软件知识产权司法鉴定中最为常见、最为基础的鉴定事项之一。本节从软件源代码同一性鉴定的背景和法律依据入手，归纳了以代码重构形式进行源代码修改的代码表现形式；进而提出源代码同一性鉴定的技术性原则、鉴定方法；最后，本节探讨了对通过反编译获取的源代码和跨语言的源代码进行同一性鉴定的思路。

一、软件源代码同一性鉴定的背景与法律依据

软件源代码也称软件源程序。在以主张著作权进行的软件知识产权民

事诉讼和刑事诉讼中,以及以主张商业秘密进行的软件知识产权刑事诉讼案件中均有涉及。但两种情况的鉴定依据、鉴定原则不完全相同,基于著作权的代码同一性鉴定相对于基于商业秘密的代码同一性鉴定更加严格。这是因为软件著作权的保护不延及开发软件所用的思想、处理过程、操作方法或者数学概念等。本节主要研究基于著作权的软件源代码同一性鉴定。基于商业秘密的代码同一性鉴定可应用、但不限于本节提出的研究方法。

对软件源代码同一性进行鉴定的主要依据来源于《中华人民共和国著作权法》和《计算机软件保护条例》。《计算机软件保护条例》第二条、第三条均已给出了计算机软件的相关定义:"计算机软件是指计算机程序及其有关文档。计算机程序,是指为了得到某种结果而可以由计算机等具有信息处理能力的装置执行的代码化指令序列,或者可以被自动转换成代码化指令序列的符号化指令序列或者符号化语句序列。同一计算机程序的源程序和目标程序为同一作品。文档,是指用来描述程序的内容、组成、设计、功能规格、开发情况、测试结果及使用方法的文字资料和图表等,如程序设计说明书、流程图、用户手册等。"《计算机软件保护条例》第七条明确了软件著作权保护的客体:"本条例对软件著作权的保护不延及开发软件所用的思想、处理过程、操作方法或者数学概念等。"因此,从著作权的角度进行源代码同一性鉴定主要从源代码的表现形式进行。同时,《北京市高级人民法院关于审理计算机软件著作权纠纷案件几个问题的意见》规定:"使用他人软件部分构成被使用软件的必要部分、主要部分或实质部分的,构成侵权。"因此,鉴定软件源代码同一性,还要兼顾代码的"必要部分、主要部分或实质部分"。

二、基于代码重构的源代码表现形式分析

在软件源代码同一性鉴定中,最常见的源代码修改方式是基于代码重构技术的源代码表现形式上的修改。软件设计所说的重构是指在不改变软

件现有功能的基础上，通过调整程序源代码改善软件的质量、性能，使其程序的设计模式和架构更趋合理，提高软件的扩展性和维护性。目前，很多集成开发环境平台都有代码重构的功能。代码重构的原始目的是改善程序，其目的是友好的。但正是这种技术在软件知识产权侵权案件和司法鉴定中成为最常见的，也是最低级的代码修改方式。由于代码重构多是对源代码形式上的机械性的修改，并没有改变代码的逻辑功能，也没有创造性的劳动，经过修改的代码应受到著作权法的保护。

为此，在建立软件源代码同一性鉴定方法前，就重构的源代码表现形式进行分析，有利于建立更加科学、直接的司法鉴定方法。一般情况下，代码重构的表现形式可归纳为以下四种情况。

（1）名称的修改。如源代码文件名称、类名称、函数名称、变量名称的修改。其中，变量名称和函数名称修改又最为常见。

（2）编程语言不同语法间的切换。多数编程语言在实现某一功能时会有多于一种的语法表现形式。例如，最简单的循环语句 for、foreach、while、do 等。这种编程语言语法间的切换，也是代码修改的主要形式之一。

（3）代码块组合或拆分。把原来两个或多个代码块，如函数、宏，合并、简单修改组合成一个代码块；或者，采用相反的操作方式将代码块拆分。

（4）代码位置修改。程序设计时某些代码位置的变化，不影响程序的逻辑功能。比如，同时声明多个变量时，哪个变量在前，哪个变量在后，从本质上说，并没有改变源代码的执行。在面向对象的程序设计中，类中的函数哪个放前、哪个置后，也不会对类文件的编译执行产生影响。

以上四种类型的代码"重构"，不改变初始代码的逻辑功能，而且不需要付出太大的代价却依然能保证源代码达到相同的功能。因此，在相对简单的软件知识产权侵权案件中，以上四种情况最为普遍。

三、软件源代码同一性鉴定的技术性原则

1. 机械比对原则

在不对源代码进行功能含义阅读和理解的情况下，以机械的源代码行与行比对结果（相同和不同）为基础，多采用 Beyond Compare 软件，统计源代码比对中相同源代码行数的比例。如果这个比例越高，那么双方源代码所具有同一性的概率就越大。

2. 实质相似原则

实质相似原则主要针对以代码重构进行源代码修改情况下，鉴定人应遵守的基本原则。该原则是指对于那些没有对源代码的逻辑功能进行实质性修改，仅做类似于代码重构的形式上修改的源代码。应该认为修改后的代码与原始代码具有实质相似的关系，或者说等同关系。

3. 核心功能突出原则

在一般情况下，完成特定功能的源代码会有"主次"之分。有些是必不可少的核心功能源代码，有些是为了更好地完成任务的非核心代码。例如，管理信息系统用户在登录这一过程中，对用户名的拼写验证具有辅助的功能，核心功能在于用户名在数据库中的校验。在软件源代码的同一性鉴定中，应遵循核心突出功能，减少非核心功能源代码对同一性判断的影响。该原则也是对《北京市高级人民法院关于审理计算机软件著作权纠纷案件几个问题的意见》的具体体现。

4. 规模不对等原则

规模不对等原则是指源代码在同一性比对中代码规模相差较大时，应遵守的比对规则。例如，A 软件的源代码有 10000 行，B 软件的源代码有 100 百行，这 100 行源代码 A 软件中都有或者绝大部分有对应的源代码，可以说 B 的源代码与 A 的源代码具有同一性；反之，一般不成立。

5. 预处理对等原则

在源代码同一性分析和判断中，对于源代码的预处理应遵循对等的原则。例如，如果对被比对一方源代码预处理中删除了空行和注释行，那么另外一方的注释行和空行同样不应作为同一性判断的依据，更不应被纳入代码的数据统计中。如果一方的源代码是通过反编译得到的，那么另一方源代码即便是有原始源代码，也应该尽量采用反编译的手段获得类似的源代码，并且反编译的语言、环境和参数设计应尽量保持一致。

6. 模块对等原则

如被比对双方软件涉及多个功能模块，应尽量按照功能模块进行源代码的划分后，再进行同一性比对。尤其是在软件整体源代码相似程度不高，但在个别模块高度相似的情况下，应在鉴定意见中对各个功能模块的比对情况分别进行描述，以便更加真实地反映代码的相似程度。

四、软件源代码同一性鉴定方法

（一）鉴定前的源代码预处理

源代码预处理的目的是为了统一源代码的书写格式，以便在进行代码数量统计时，使被比对双方的源代码统计基准保持一致。预处理主要包括以下五个方面。

1. 去除第三方的源代码

本节所指第三方的源代码是指非比对双方原创的代码。这些代码可能来自公开的开源软件、教科书，与硬件搭配的其他企业实例源代码等。这些代码一般可以通过代码文件的版权信息、开发者信息等注释内容加以区分。在进行源代码同一性鉴定前，应把这些代码文件或代码片段与比对双方原创的代码区别开来，在比对过程中不参与比对，或者参与比对了，应当在比对结果统计和鉴定意见中指明。

2. 确定文件对应关系

确定源代码文件的对应关系是进行源代码比对的前提。任何软件的源代码都是以文件的形式存在，以文件夹的形式进行组织的。通过代码文件的名称、代码的逻辑功能确定被比对双方源代码的对应关系，进而开展源代码比对，这是进行科学而有效的源代码比对的基础。随着软件完成功能的不断完善，软件源代码规模不断增大，确定对应关系成为源代码比对中基础而又费时费力的一个重要环节。

3. 规范空行和注释行的处理

严格来说，空行和注释行不是源代码的组成部分。在源代码编译成目标代码时，不计入目标代码中。因此，依据对等原则对被比对双方的源代码空行和注释行进行预处理，多数情况下删除双方的空行和注释行。也有例外的情况，如被比对双方的源代码基本相同，连注释行或者空行的位置也相同。这种现象从侧面反映被比对双方源代码具有同一性，而且得出同一性意见的依据与空行和注释行的处理没有直接关系。

4. 规范源代码换行的格式

每一种计算机编程语言都规定了其特定的换行规则，程序员在编写代码时遵守这些规则进行代码换行。但在鉴定实践中，经常出现这样的情况：按照常规的换行，每一行的代码都非常短。比如，连续多个变量的声明，占用的行数比较多，程序员为了方便，将常规的多行代码写在一行。这种情况对源代码进行同一性比对，要将双方的换行规则进行统一，以便得出正确的行数统计结果。

5. 以函数为单元重新组织代码顺序或重新拆分源代码文件

通过上述操作预处理后的代码，在代码组织结构上，还存在物理顺序不一致的情况。例如，同一函数在双方代码文件中的前后顺序不一致，多个函数则会产生函数位置交叉的情况。如果采用 Beyond Compare 进行机械的比对，比对结果显然不够准确，这也是现实鉴定案件中产生鉴定偏差的最为普遍的现象之一。鉴定中采用的处理方式是：增加源代码行号，按照函数的对应关系，重新组织代码文件，或者以函数为单元重新拆分源代码文件。对于代码文件数量多、代码量大的情况，采用前一种方式较为方便；对于代码文件数量少，每个文件的代码又比较多的情况，如嵌入式软件的源代码，采用后一种方式更为方便。

（二）单一源代码文件同一性比对

1. 源代码的形式比对

单一源代码文件构成的软件系统多存在嵌入式软件中。首先，进行源代码的形式比对，即在对源代码文件进行规范空行和注释行、规范源代码换行格式预处理的基础上，应用 Beyond Compare 比对双方源代码，统计相同代码比例，见表4-1。

表4-1 单一源代码文件同一性比对结果统计表（形式一）

源代码文件类型	甲方文件名	乙方文件名	甲方行数	乙方行数	相同行数	不同行数	甲方独有行	乙方独有行	相同行占甲方总行数比例	相同行占乙方总行数比例
…	…	…	…	…	…	…	…	…	…	…

形式比对是在不关注源代码功能情况下进行的，一般是鉴定人采取的试探性比对，以了解双方代码相似性概况为目的。因此，只有在其比对结果相同比例较高的情况下，才会直接给出同一性的鉴定意义；否则，需要进一步对源代码进行功能性比对。

2. 源代码的功能比对

进行功能性比对需要做进一步的代码预处理，其基本比对过程如下。

(1) 标注行号。

(2) 确定函数对应关系，按对应关系调整代码顺序。

(3) 阅读源代码，以函数为单元，进行代码功能比对。

这里所说的代码功能以代码本身的逻辑功能为主，同时兼顾其业务功能。例如，下面这一段代码：int a=50；int b=60；int c=a+b；代码的逻辑功能是说变量 c 是变量 a 和 b 之和。如果对代码所处的前后环境和软件功能缺乏进一步的信息，就难以确定这段代码的业务功能。因为这既可以是计算两个人的体重之和，也可以是计算两个地点之间的距离。

代码的功能比对可以按行逐一比对，也可以按函数逐一比对。比对的结果一般分为相同、实质相同（或实质相似）和不同。其中，实质相同（或实质相似）适用于以代码重构方式进行的源代码修改。

4. 统计比对结果，绘制统计数据表

按照表 4-2 的形式统计比对结果。

表 4-2 单一源代码文件同一性比对结果统计表（形式二）

源代码文件类型	甲方文件名	乙方文件名	甲方行数	乙方行数	相同或实质相同(相似)行数	不同行数	甲方独有行	乙方独有行	相同或实质相同(相似)行占甲方总行数比例	相同或实质相同(相似)行占乙方总行数比例
…	…	…	…	…	…	…	…	…	…	…

（三）源代码文件集合同一性比对

对比对双方源代码由多种计算机语言设计、包含多种类型、多个源代码文件的鉴定，在确定功能模块对应关系、代码文件对应关系、代码预处理、单一文件比对基础上，为了反映比对结果的整体情况，应对比对结果进行整体层面的统计，统计形式可参看表 4-3。

第四章 软件源代码鉴定技术

表 4-3 源代码文件集合同一性比对结果统计表

功能模块	源代码文件类型	甲方文件数量	乙方文件数量	同名文件数量	相同百分比范围的文件个数（分别以甲/乙文件数量为基数）											
					<60%		≥60%且<70%		≥70%且<80%		≥80%且<90%		≥90%且<100%		=100%	
					个数	占甲/乙方文件%	个数	占甲/乙方文件%	个数	占甲/乙方文件%	个数	占甲/乙方文件%	个数	占甲/乙方文件%	个数	占甲/乙方文件%
模块1	类型1	…	…	…	…	…	…	…	…	…	…	…	…	…	…	…
	类型2	…	…	…	…	…	…	…	…	…	…	…	…	…	…	…
	…	…	…	…	…	…	…	…	…	…	…	…	…	…	…	…
	类型n	…	…	…	…	…	…	…	…	…	…	…	…	…	…	…
模块2	类型1	…	…	…	…	…	…	…	…	…	…	…	…	…	…	…
	类型2	…	…	…	…	…	…	…	…	…	…	…	…	…	…	…
	…	…	…	…	…	…	…	…	…	…	…	…	…	…	…	…
	类型n	…	…	…	…	…	…	…	…	…	…	…	…	…	…	…
模块n	类型1	…	…	…	…	…	…	…	…	…	…	…	…	…	…	…
	类型2	…	…	…	…	…	…	…	…	…	…	…	…	…	…	…
	类型n	…	…	…	…	…	…	…	…	…	…	…	…	…	…	…

(四) 鉴定意见的表述

源代码同一性鉴定的比对结果要在最终的鉴定意见中加以体现。然而，由于软件鉴定案件的复杂性，多数鉴定案件很难直接给出相同或不相同的结论。

1. 单一源代码文件的同一性鉴定意见表述

目前，国内各鉴定机构在源代码同一性鉴定意见的表述中经常使用相同、不同、基本相同、实质相同、实质相似的表述。其中，相同、不同较为明确；但对于基本相同、实质相同、实质相似，业界并没有统一的标准，甚至是争议比较大的内容。在作者所参与的鉴定案件中，基于以下理解对鉴定意见加以表述："基本相同"侧重代码规模，可以理解为比对双方相同和实质相同的代码行数占双方各自代码行数的比例较大；"实质相同"侧重代码质量，可以理解为比对双方的代码排除代码重构因素后，代码相同；实质相似与实质相同的表述类似，在实践中不严格区分。除此之外，无法用上述概念给出鉴定意见的情况下，直接用表4-2、表4-3的形式作为鉴定意见，也是较为常见的。

2. 源代码文件集合的同一性鉴定意见表述

相同、不同、基本相同、实质相同、实质相似的表述，在源代码文件集合的同一性鉴定中仍然广泛应用。只是在这种情况下，基本相同侧重代码文件的数量，可以理解为相同或实质相同的代码文件数量占比对双方代码文件数量的比例较高；实质相同和实质相似也是从代码集合的角度考虑。同样，在对于无法用上述表述给出鉴定意见的情况下，可以考虑直接用表4-3的形式作为鉴定意见。

对于鉴定意见，应根据案件的性质、代码的内容、比对的结果有针对性地、尽可能明确地予以表述。

五、源代码同一性鉴定问题探讨

（一）反编译得到的源代码比对

在对软件目标代码同一性鉴定中，常常需要对目标代码进行反编译获得反编译后的代码进行比对，如 C、C++语言反编译得到汇编代码进行比对，JAVA 程序反编译、C#程序反编译等。这类鉴定问题虽然是针对目标代码进行，但实际上仍采用源代码的比对方式。其中，需要特别注意的是，对比对双方进行反编译时，反编译的相关工具使用、条件设置须保持一致，因为不同的反编译工具，或者相同反编译工具的不同环境设置，都会导致反编译结果的较大差异，导致比对结果上差异。同时，也要注意反被编译得到的源代码中的一些非功能性内容，如代码的注释。

以上所说的反编译与《最高人民法院关于审理不正当竞争民事案件应用法律若干问题的解释》中的反向工程不完全相同。反向工程在该司法解释中被定义：通过技术手段对从公开渠道取得的产品进行拆卸、测绘、分析等而获得该产品的有关技术信息。而代码反编译，由于有反编译工具，使反编译极其简单，基本不需要进行"分析"，即可获得反编译代码。举例来说，针对百万行数量级的 JAVA 或 C#代码，反编译时间仅以秒为单位，且反编译得到的代码与原始源代码差别非常小。

（二）跨语言的源代码比对

由于《计算机软件保护条例》第七条规定："本条例对软件著作权的保护不延及开发软件所用的思想、处理过程、操作方法或者数学概念等。"因此，以往针对不同语言设计、编写的源代码，鉴定机构在多数情况下不予比对。但是，随着计算机编程语言的丰富，出现了源代码的跨语言的自动修改技术和工具，使侵权人在不需要付出一定劳动的情况下，就能够快速地将一种计算机语言的源代码转换成另一种语言，软件侵权也变得更加隐蔽。在这种情况下，采用适当的鉴定技术，是可以进行跨语言的源代码比对的。因此，要求计算机软件的司法鉴定要与时俱进，适应新技术的发展需求，更加谨慎细致地对待跨语言的软件知识产权司法鉴定问题。

  随着人们知识产权保护意识的增强，软件知识产权纠纷显著增加。依托领域内技术专家的知识经验进行的知识产权司法鉴定，成为纠纷解决的主要依据之一。本节针对软件知识产权诉讼中源代码的同一性问题展开讨论，从源代码同一性司法鉴定的背景、法律依据、鉴定原则、鉴定方法进行分析总结。通过本节的研究为国内软件知识产权司法鉴定实践工作提供参考，也为国内软件企业进行知识产权保护提供借鉴。在后续的研究中，如何建立软件知识产权司法鉴定标准体系、方法体系，都是值得进一步研究的问题。

第五章 软件目标代码鉴定技术

第一节 目标代码非公知性鉴定

目标代码非公知性鉴定的法律依据与源代码非公知性鉴定的法律依据相同。在鉴定过程中,依然是对《最高人民法院关于审理不正当竞争民事案件应用法律若干问题的解释》第九条提到的破坏目标代码非公知性的六项因素逐一进行排除。

一般情况下,目标代码随着软件的发布或产品的销售面向公众公开,公众可以简单容易地获取目标代码,目标代码不具有非公知性。因此,判断目标代码是否具有非公知性的关键,是判断目标代码是否能够简单容易地获取。如果这一条件不成立,那么就可以直接否定目标代码的非公知性。

在司法鉴定案例中,目标代码作为非公知的情况仅存在于以下两种情况下。一是目标代码难以获取。比如,软件销售中明确约定用户对软件目标代码的保密义务,限定软件的使用范围,使非授权用户无法简单容易地获取目标代码文件。再如,嵌入式软件采用了非常规的方式将目标代码烧录在电子芯片中,通过简单的技术手段无法获取烧录在芯片中的目标代码。二是采用了特殊技术手段对目标代码文件进行技术处理,使用户在不明确技术内容的条件下无法简单、容易地获取原始目标代码或完整的源代码。这种情况有时也发生在嵌入式软件中。

总之,目标代码非公知性鉴定案例较少,鉴定机构和鉴定人应该对目标代码的非公知性鉴定采取谨慎的态度。

第二节 目标代码同一性鉴定

一、目标代码同一性鉴定的背景

目标代码也称目标程序，它是软件产品同一性鉴定最为核心的内容。软件的目标代码可以是单个文件，也可以是多个文件。例如，运行于 Windows 操作系统的、由 C/C++ 语言编写的软件产品目标代码除了 .EXE（可执行文件）文件外，还可以包括多个 .DLL 文件（动态链接库文件）。多数单片机的嵌入式软件目标代码一般为单个文件。

在没有软件源代码的情况下进行软件知识产权维权案件中，通过目标代码的同一性鉴定同样可以达到制止侵权的目的。尤其是在简单的软件盗版案件中，目标代码被机械地拷贝，通过目标代码的同一性鉴定可以快速地获取侵权证据。

目标代码的同一性鉴定，也可以用来验证源代码的真实性。在司法鉴定中，经常需要对当事人提交的一款软件的源代码与其销售的软件产品中的目标代码进行同一性鉴定，以证明其提交的软件源代码是真实有效的。针对这种情况一般的处理过程是，首先对源代码进行编译，获得编译的目标代码，再将编译的目标代码与产品中的目标代码进行同一性比对，以确定提交的源代码是真实的。

二、目标代码同一性鉴定的法律依据

《计算机软件保护条例》第二条规定："同一计算机程序的源程序和目标程序为同一作品。"这一规定是目标代码进行同一性比对的最为关键的法律依据。《计算机软件保护条例》第六条规定："本条例对软件著作权的保护不延及开发软件所用的思想、处理过程、操作方法或者数学概念等。"这也是进行同一性比对的基本法律依据。

三、目标代码同一性鉴定方法

目标代码同一性鉴定的基本流程如图 5-1 所示。

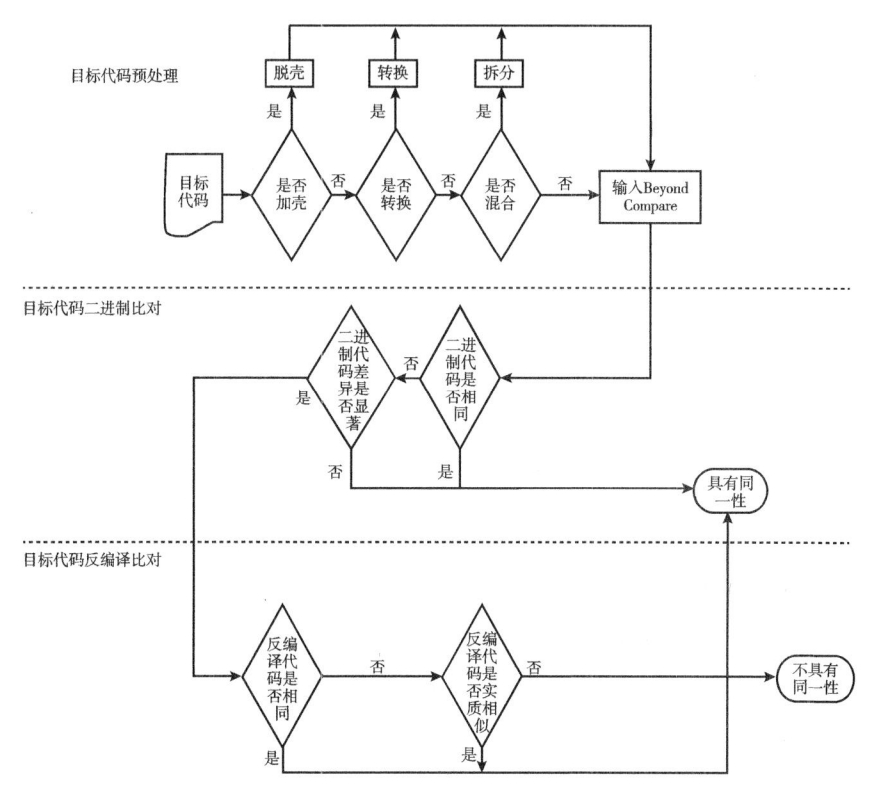

图 5-1　目标代码同一性鉴定流程

首先，进行目标代码预处理。如果目标代码进行了加壳/加密，首先要对目标代码进行脱壳处理。由于加壳技术手段多种多样，所以必须了解目标代码采用了何种技术才能有效地进行脱壳处理。如果目标代码经过特殊工具转化，那么还要对目标代码进行还原。例如，在嵌入式软件开发中，由源代码编译生成的目标代码，经过特殊的工具转化后烧录到芯片中。那么在对芯片中提取的目标代码进行同一性鉴定时，就要进行相应的转化操作。还有在特殊的情况下，通过技术手段读取的嵌入在芯片中的目标代码

软件知识产权司法鉴定技术与方法

是多个目标代码的混合体，提取后进行同一性比对，应进行各部分的拆分。

其次，进行目标代码的二进制比对，比对采用 Beyond Compare。二进制代码相同，目标代码具有同一性；二进制代码不完全相同，但相同部分占整体代码的比例较高，达到 90%以上，且不同代码集中在代码文件的头部或尾部，这种情况目标代码差异不显著，一般认为目标代码具有同一性。图 5-2 是基于 C 语言编写的一段源代码，代码功能是在屏幕上输出"hello world"。

```
#include "stdafx.h"
#include <iostream>
using namespace std;

int _tmain(int argc, _TCHAR* argv[])
{
    cout<<"hello word"<<endl;
    return 0;
}
```

图 5-2　C 语言编写的程序源代码实例

这段代码经过编译后生成的目标代码以二进制形式存在于计算机磁盘，二进制内容如图 5-3 左侧 Binary 部分，每一行是 8 个字节。以二进制进行代码比对时，通过计算双方目标代码中相同字节占总字节的比例来判断目标代码是否具有同一性。图 5-3 右侧 Hexadecimal 是以十六进制形式显示的二进制代码，可方便二进制代码的阅读。

Binary	Hexadecimal
01001101 01011010 10010000 00000000 00000011 00000000 00000000 0000000	4D 5A 90 00 03 00 00 0
00000100 00000000 00000000 00000000 11111111 11111111 00000000 0000000	04 00 00 00 FF FF 00 0
10111000 00000000 00000000 00000000 00000000 00000000 00000000 0000000	B8 00 00 00 00 00 00 0
01000000 00000000 00000000 00000000 00000000 00000000 00000000 0000000	40 00 00 00 00 00 00 0

图 5-3　C 语言编写的程序目标代码实例

最后，如果目标代码二进制内容相同或相同的字节比例较高，可认为目标代码具有同一性。如果目标代码二进制具有明显的差异，并不能直接否定目标代码的同一性，应结合软件的编译运行环境进行分析判断。这是因为相同的源代码在不同的操作系统上进行编译，或者在不同的编译器下进行编译，都可能会产生不同的二进制内容。因此，在二进制代码具有明显差异的情况下，应结合编译运行环境进行分析，适当采用反编译的技术手段获取反编译代码进行比对。图 5-4 是采用反编译工具 IDA 对上面二进制代码进行反编译得到的汇编代码。相对于二进制代码而言，汇编代码具有一定的可读性。通过汇编代码比对确定目标代码是否具有同一性。

```
; int __cdecl wmain(int argc, wchar_t **argv)
_wmain          proc near               ; CODE XREF: j__wmain↑j

var_C0          = byte ptr -0C0h
argc            = dword ptr  8
argv            = dword ptr  0Ch

                push    ebp
                mov     ebp, esp
                sub     esp, 0C0h
                push    ebx
                push    esi
                push    edi
                lea     edi, [ebp+var_C0]
                mov     ecx, 30h
                mov     eax, 0CCCCCCCCh
                rep stosd
```

图 5-4　C 语言编写的程序反编译代码实例

需要指出的是，不同计算机语言反编译的技术、工具及反编译得到的代码，可读性差异较大。采用 C/C++语言编写的目标代码能够反编译为汇编语言，可读性高于二进制代码；但与原始源代码相比，可读性仍然较低。采用 JAVA/C#语言编写的目标代码反编译，可以得到与原始源代码完全相同或高度相似的代码，可读性较高。然而，反编译也是有条件的，当目标代码进行加密或加壳处理，反编译难度增加，甚至无法反编译。这时，要结合加密技术做具体技术处理。

65

第六章 软件产品鉴定技术

第一节 软件产品同一性鉴定

一、软件产品同一性鉴定的背景

在软件知识产权司法鉴定中,最为常见的委托鉴定事项是软件非公知性鉴定和同一性鉴定。非公知性鉴定源于主张软件商业秘密的刑事诉讼,鉴定对象多为软件源代码(源程序),鉴定内容是判断被鉴定对象是否不为公众所知悉。其法律依据主要是《中华人民共和国反不正当竞争法》《中华人民共和国刑法》,以及国家工商行政管理局颁布的《关于禁止侵犯商业秘密行为的若干规定(修正)》。同一性鉴定源于主张著作权的民事诉讼或刑事诉讼,鉴定对象既可以是软件源代码,也可以是软件目标代码,或者是整个软件产品。鉴定内容是判断涉案双方软件是否相同或相似,法律依据主要是《中华人民共和国著作权法》和《计算机软件保护条例》。同一性鉴定也出现在商业秘密侵权鉴定中,在非公知鉴定的基础上进行的商业秘密同一性鉴定。但这种情况的鉴定依据不局限于《中华人民共和国著作权法》和《计算机软件保护条例》,需与主张的商业秘密内容相结合。

在众多的软件知识产权纠纷案例中,由于员工离职带走原单位软件源代码,另立公司与原公司进行竞争的案例最为普遍。在这种类型的案例中,被告方的产品由于本身是窃取原单位源代码或者是对原单位源代码进行了部分修改后编译生成的,因此被告方会以种种理由拒绝提供用于进行软件相似性鉴定的源代码。这种情况下的知识产权维权取证多是通过对计算机软件产品的同一性鉴定来完成的。同时,这种情况也出现在软件盗版侵权案件中。例如，通过技术性手段对正版软件进行目标代码修改，一般是注册功能的修改和软件非核心功能的修改。这类案件中同样需要进行软件产品的同一性鉴定。本节结合作者鉴定工作实践，探讨分析在没有软件源代码的条件下，对软件产品进行同一性司法鉴定的方法。

二、软件产品同一性鉴定的法律依据

对计算机软件产品同一性进行鉴定的主要依据来源于我国的《中华人民共和国著作权法》《计算机软件保护条例》，以及北京市高级人民法院关于印发《关于审理计算机软件著作权纠纷案件的几个问题的意见》的通知。《计算机软件保护条例》第二条、第三条分别给出了计算机软件的相关定义："计算机软件是指计算机程序及其有关文档。计算机程序是指为了得到某种结果而可以由计算机等具有信息处理能力的装置执行的代码化指令序列，或者可以被自动转换成代码化指令序列的符号化指令序列或者符号化语句序列。同一计算机程序的源程序和目标程序为同一作品。文档是指用来描述程序的内容、组成、设计、功能规格、开发情况、测试结果，以及使用方法的文字资料和图表等，如程序设计说明书、流程图、用户手册等。"《计算机软件保护条例》第七条明确了软件著作权保护的客体："本条例对软件著作权的保护不延及开发软件所用的思想、处理过程、操作方法或者数学概念等。"因此，对于软件产品的同一性鉴定应从目标程序（目标代码）和软件相关文档入手。

关于侵权的认定在《关于审理计算机软件著作权纠纷案件的几个问题的意见》中有明确的规定：①对于原告关于被告的软件是原告软件复制品的指控，被告予以承认的，不需要对双方的软件再做勘验、演示或鉴定。②使用他人软件部分构成被使用软件的必要部分、主要部分或实质部分的，构成侵权。

三、软件产品同一性鉴定内容分析

在没有原始源代码的情况下进行软件产品同一性鉴定，首先要解决的是鉴定内容问题，也就是从哪些角度展开鉴定。基于《计算机软件保护条例》中关于计算机软件的定义可以看出，软件目标代码和相关文档是判断软件产品是否具有同一性的核心。

除目标代码和相关文档外，在鉴定实践中从软件架构、功能、界面、目录结构、安装过程、数据库结构、专有文件格式、非程序文件、版权声明、运行错误等角度挖掘软件产品相同或相似的证据，也是鉴定中经常采用的技术手段。这些鉴定内容不能独立作为同一性判定的证据，但可以作为辅助的参考。本节按照其在软件产品同一性鉴定中的重要程度，将其分为四个层次，如图 6-1 所示。第一层次是目标代码和文档；第二层次是数据库结构和软件专有的文件格式；第三层次是软件的版权声明信息和运行错误；第四层次是软件架构、功能、界面、目录结构、安装过程和非程序文件。

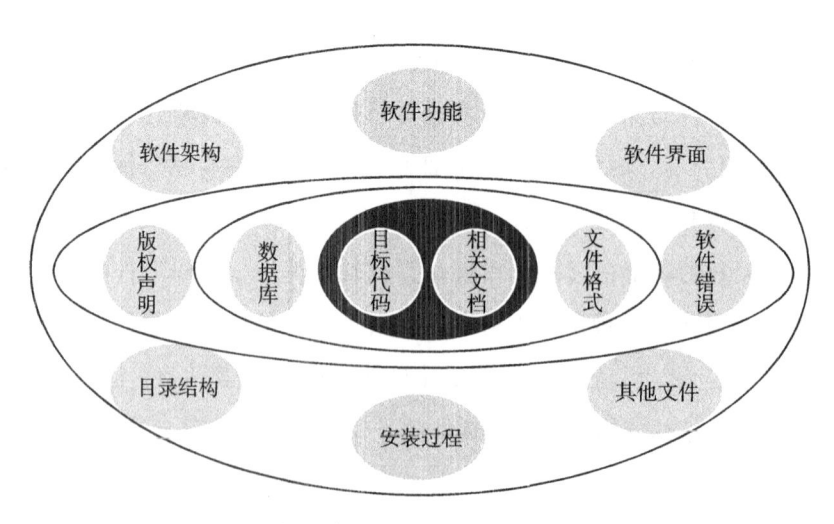

图 6-1 软件产品同一性鉴定内容层次结构图

四、软件产品同一性鉴定方法分析

同一性鉴定是通过对鉴定对象进行比对分析来完成的,以下分别对软件产品的鉴定内容进行比对方法分析。

(一)目标代码与相关文档比对

1. 目标代码比对

本书第五章"目标代码同一性比对"介绍了目标代码的具体比对方法:一是直接查看目标代码的二进制形式进行比对,统计相同字节占目标代码文件总的字节比例;二是对目标代码进行反编译获取反编译代码进行比对。

对涉案软件产品目标代码的同一性鉴定,基本比对遵循目标代码的比对方法。当目标代码不是单个文件的时候,首先要确定双方目标代码文件的对应关系,进而开展代码比对。比对过程中基于《关于审理计算机软件著作权纠纷案件的几个问题的意见》关于侵权认定方法的规定,遵循以下基本原则:若双方对应的目标代码文件内容完全相同,则双方的软件产品具有同一性。若双方对应的内容不完全相同,但比对项的必要部分或主要部分没有本质区别,属于实质性相似,双方软件产品仍具有同一性。若双方对应的内容不完全相同,且具有本质区别,不构成实质性相似,则双方软件产品不具有同一性。若双方的对应内容完全不同,则双方软件产品不具有同一性。

2. 相关文档比对

尽管软件相关文档对于软件同一性鉴定具有重要的意义,但在鉴定实践中,对于软件需求说明、设计说明、测试结果等能够体现软件开发过程的文档,同软件源代码一样难于获得。因此,在软件产品同一性鉴定实践中,很少对这类文档进行鉴定,更多是针对与软件产品一同提供给客户的软件使用说明书、用户手册等辅助软件应用的文档进行内容比对。而这些辅助软件应用的文档只是对软件使用方法的介绍，并不涉及软件设计开发的内容；并且，针对同类型的软件产品，其用户手册会产生相同的内容。因此，这类文档不能单独作为软件产品是否具有同一性的判定依据。

（二）数据库结构与专有文件格式比对

1. 数据库结构比对

在使用数据库的软件中，如管理信息系统类软件，这类软件的运行离不开数据库，而且数据库结构的设计直接决定了软件的设计与实现，需要开发人员付出创造性的劳动。因此，数据库结构的比对对于判断软件同一性具有重要的参考意义。

常用的数据库平台有 ORACLE、SQL SERVER、MYSQL、ACCESS 等。软件设计人员基于这些数据库平台进行数据库结构设计。数据库结构设计包括数据库表结构设计、视图设计、存储过程设计和函数设计。其中，表结构又是数据库结构的基础，包括表名称、字段名称、类型、约束、表之间的关系等。表、视图、存储过程、函数统称为数据库对象。对数据库结构的比对即是对数据库对象的比对，不考虑数据库平台。其原因在于数据库平台之间的转换技术手段非常简单，直接使用"DTS 工具"，不作任何修改就能轻易达成。图 6-2、图 6-3 分别是在 SQL SERVER 和 ACCESS 平台的数据库表。两个表的结构没有本质变化，而且 Access 数据表是采用 SQL SERVER 的数据导出功能直接生成，没有进行任何人工干预。因此，数据库结构比对，关注的不是两套软件所用的数据库平台是否相同，而是数据库对象是否相同或相似。不同公司都有自己的一套命名规则，因此一般两个公司出品的数据库命名、结构不可能大部分相同或相似。

列名	数据类型	允许 Null 值
ClassID	int	☐
ClassKnowID	int	☑
ClassName	nvarchar(256)	☑
ClassByName	nvarchar(256)	☑
ParClassID	int	☑
CreateTime	datetime	☑
UpdateTime	datetime	☑

图 6-2　SQL SERVER 表结构实例

字段名称	数据类型
ClassID	数字
ClassKnowID	数字
ClassName	备注
ClassByName	备注
ParClassID	数字
CreateTime	日期/时间
UpdateTime	日期/时间

图 6-3　ACCESS 表结构实例

在具体比对过程中，首先安装双方软件所对应的数据库管理系统，利用各自数据库管理工具打开对应的数据库文件，观察、分析数据库对象是否相同或相似。函数和存储过程是基于 SQL 脚本进行设计的，可以直接对脚本进行比对。

2. 专有文件格式比对

某些软件在设计过程中经常设计一些专有的文件格式，如游戏软件。这些专有文件格式不易被破解，也不是行业内通用的文件格式，只能在各自的软件产品中使用。如果被比对双方的软件产品专有数据格式相同，可作为判断软件产品同一性的辅助证据。对于专有文件格式的比对，可以采用互操作的方式进行，即利用一方软件尝试打开另一方的专有格式的文件，观察、分析软件能否正确地识别和运行。

专有文件格式相同只能作为判断软件产品同一性的辅助手段，不能单纯地因为软件专有文件格式相同而认定双方软件产品具有同一性，也不能认定双方软件源代码或目标代码具有同一性。有关专有文件格式的司法鉴定典型案例可参考 2015 年最高人民法院发布的 48 号指导案例。

(三) 版权声明和软件错误比对

在对软件产品进行低级的、机械的复制过程中,软件产品中关于版权的声明信息和软件运行错误会保留下来。这是软件侵权鉴定中经常遇到的,是软件侵权很好的佐证。

查看版权声明信息,一种方法是直接运行软件并查看软件相关的版权声明内容。另一种方法是查看代码文件的属性并查看文件的版权声明。如图 6-4 所示,为微软 SQL SERVER 目标代码文件 sqlvdi.dll 的版权声明。

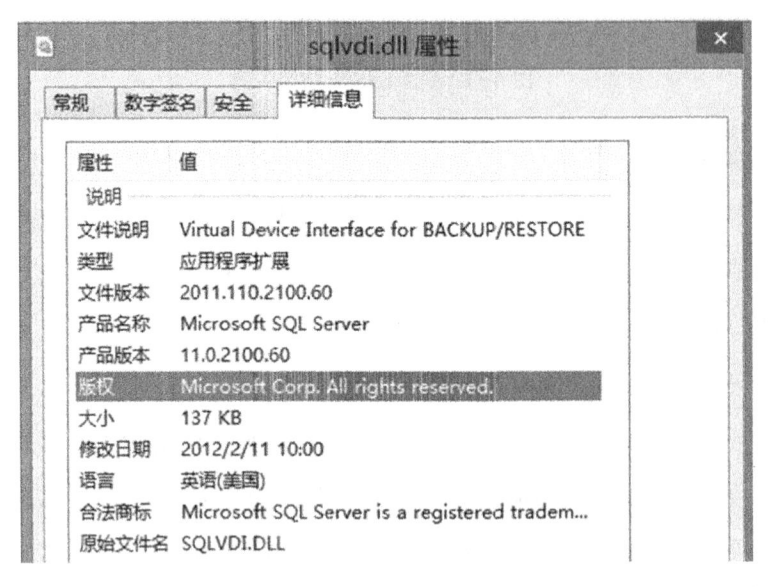

图 6-4 代码文件版权声明实例

(四) 软件架构、功能、界面、目录结构、安装过程和非程序文件比对

最后,关于软件架构、功能、界面、目录结构、安装过程、非程序文件的比对,也是判断软件产品同一性的辅助比对内容。这些内容的比对可

增强软件同一性比对的结论，但不能单独作为判断软件是否具有同一性的证据。其中，对软件架构、功能、界面、目录结构、安装过程比对，通过直观的观察即可实现。对于非程序文件的比对，如图片文件、声音文件、视频文件等，仍然可以采用二进制格式的比对方法。

五、基于软件运行缺陷的软件产品同一性鉴定方法

所谓特征性缺陷，是指一套软件本身所特有的、不具备普遍意义的缺陷。这种缺陷的形成通常是由于设计人员在软件设计时的疏漏产生的，表现形式是软件运行时会在某一特定条件下出现不属于原有设计范围的特别状态。这种缺陷的产生带有很强的偶然性，不同软件之间产生相同特征性缺陷的概率极少[22]。

在无法获得有效的源代码和目标代码的情况下，可以考虑在原告、被告软件之间进行缺陷性特征的对比。鉴于原告、被告软件存在共同的软件缺陷，根据计算机软件设计的一般性原理，在独立完成设计的情况下，不同软件之间出现相同的软件缺陷机率极小；而如果软件之间存在共同的软件缺陷，则软件之间的源程序相同的概率较大。如果存在相同的缺陷性特征，而被告无正当理由拒绝提供源代码或目标代码的，则应充分考虑到此类案件原告举证的客观困难，合理推定原告、被告软件实质性相同，由被告承担败诉责任。2015年最高人民法院发布的49号指导案例，即基于软件特征性缺陷进行软件产品同一性判定的典型案例。

在基于著作权的软件知识产权纠纷案件中，在没有原始源代码的情况下进行软件产品同一性鉴定，须明确开展鉴定的工作内容。本节在分析软件产品同一性鉴定的法律依据基础上，提出四个层次的鉴定内容：第一层次是目标代码和文档；第二层次是数据库结构和软件专有的文件格式；第三层次是软件的版权声明信息和运行错误；第四层次是软件架构、功能、界面、目录结构、安装过程和非程序文件。其中，目标代码作为软件产品

同一性鉴定的核心，鉴定原则应遵循《关于审理计算机软件著作权纠纷案件的几个问题的意见》关于侵权认定方法的规定，其他作为软件产品同一性鉴定的重要参考。

六、盗版软件产品的甄别与鉴定

在软件产品的同一性司法鉴定中，有一类鉴定案件是对盗版软件产品进行甄别性鉴定。这类鉴定案件属于软件产品同一性鉴定范畴，但又区别于一般意义上的软件产品同一性鉴定。

盗版软件产品的甄别与鉴定，既要证明盗版软件与正版软件之间的关联性、相似性，又要证明其与正版软件的不同。因此，需要鉴定两个方面的内容：一是盗版软件产品与正版软件产品的同一性，可以采用本节的软件产品同一性鉴定方法；二是盗版软件产品的"盗版"属性。软件的盗版属性鉴定，可以采用如下三种鉴定方案。

（1）运行软件，观察盗版软件的版权信息。如采用克隆技术复制的盗版操作系统，通过软件运行即可直观地观察软件的版权信息。

（2）运行软件，观察盗版软件与正版软件的功能差异，特别是授权验证功能的差异。一般来说，盗版软件可能采用某种技术手段，跳过软件的授权验证，使原来正版软件中的授权验证方式无效，从而达到盗版侵权的目的。

（3）对盗版软件的目标代码进行分析，从目标代码层面分析盗版软件与正版软件的差异，挖掘盗版线索。

多数盗版软件的甄别与鉴定，方案（1）和方案（2）即可满足需求；方案（3）的应用较少。同时，方案（3）对鉴定人员的技术水平要求也最高。

第二节　游戏软件产品同一性鉴定

一、游戏软件产品与一般软件产品联系与区别

计算机游戏软件产品是计算机软件产品的类型之一。计算机游戏软件与一般计算机软件一样，具有易复制、易修改的特点，并且游戏软件产品往往具有较高收益。因此，游戏软件产品侵权是较为普遍的计算机软件侵权形式。与一般计算机软件产品的区别在于：游戏软件体现的是娱乐功能，人们对某一游戏软件的外观感受主要是通过游戏中的场景、人物、音响、音效等不断变化来体会。游戏软件程序设计的主要目的，必然要围绕游戏中不断变化的场景、人物、音响、音效等，通过计算机程序代码具体实现。一般来说，相同功能的游戏软件，包括外观感受，可以通过不同的计算机程序实现。但如果是两个各自独立开发的游戏软件，要想达到场景、人物、音响、音效等完全相同，几乎是不可能的，若想刻意模仿，技术上也是有难度的。

二、游戏软件产品侵权形式和同一性鉴定内容分析

简单的游戏软件产品的侵权形式包括游戏外挂和私服。外挂就是建立在网络游戏服务器与各个玩家的客户端程序之间的自动控制和修改传输数据的程序，既有程序代替玩家进行游戏控制，达到快速升级，提高游戏体验的目的。私服指的是私人服务器盗用本来属于网游公司的代码架设服务器自己运营游戏。

复杂的游戏软件侵权形式则是对原有软件的源代码和资源文件（包括声音、图片、人物、场景等）进行修改，重新开发与原有游戏类相似的新游戏。

基于游戏软件产品的构成，游戏软件产品的同一性鉴定，除程序代码（源代码和目标代码）外，一般还包括场景、地图、角色、人物、技能、特效、装备、道具、图标、界面、音效等。程序以外的内容统称为游戏资源。

三、游戏软件产品同一性鉴定方法

从技术角度看，计算机游戏软件符合计算机软件的一切技术特性。从应用角度看，游戏软件确有其不同于一般计算机软件的特点。游戏软件的主要用途是供人们娱乐，其外观感受主要通过游戏中的场景、人物、音响、音效变化等来实现。这些随着游戏进程而不断变化的场景、人物、音响是游戏软件程序设计的主要目的，是通过计算机程序代码具体实现的。因此，游戏软件的计算机程序代码是否相同，可以通过其外观感受较明显、直观地体现出来。虽然从技术上讲相同功能的游戏软件包括外观感受，可以通过不同的计算机程序实现，但是鉴于游戏软件的特点，两个各自独立开发的计算机游戏软件，其场景、人物、音响等恰巧完全相同的可能性几乎是不存在的。若模仿要实现外观感受的完全相同，从技术上讲是有难度的。

因此，游戏软件产品的鉴定应基于以下三个方面进行。

（1）代码的同一性，包括目标代码和源代码的同一性。鉴定方法采用本书第四章和第五章的鉴定技术。

（2）各类资源文件的同一性。对于高度相似的资源文件可以采用直接比对文件的二进制格式。比如，私服和外挂侵权，较为适用二进制文件格式比对。对于二进制格式差异显著，但直观感受具有相似性的资源文件则要由多位领域的专家给出综合判断。

（3）直观的体验。通过对游戏的直观体验，对游戏侵权做出判读，但该种方法很少见于司法鉴定机构，而多是由审判机关基于游戏体验之间进行的侵权判定。正如江苏省高级人民法院宋健、顾韬所述[23]："游戏软件的主要用途是供人们娱乐，其外观感受主要通过游戏中的场景、人物、音响、音效变化等来实现。这些随着游戏进程而不断变化的场景、人物、音响是游戏软件程序设计的主要目的，是通过计算机程序代码具体实现的。游戏软件具有不同于一般计算机软件的特点，游戏软件程序设计的主要目的是随着游戏进程而不断变化场景、任务、人物、音响等，其外观感受能够明显、直观地体现出来。虽然从技术上讲相同功能的游戏软件包括外观感受，可以通过不同的计算机程序实现，但是鉴于游戏软件的特点，两个各自独立开发的计算机游戏软件，其场景、人物、音响等恰巧完全相同的可能性几乎是不存在的，即不同游戏软件之间实际上是不可能出现游戏内容、任务、进程、人物、操作界面等基本相同情况的。因此，在被告不能对双方游戏软件外观感受、说明书、目标程序等方面的种种相同或相似做出合理解释的情况下，可以基于游戏作品上述运行内容的相同，直接认定游戏软件之间构成实质性相同。"

第七章 跨编程语言的软件源代码/目标代码同一性鉴定技术

第一节 .NET 平台软件跨语言鉴定

随着微软公司跨语言平台 .NET Framework（.NET 框架）技术的日趋成熟，采用 .NET 平台下的 C#.NET、VB.NET、C++.NET、J#.NET、F#.NET 等计算机编程语言进行设计开发的软件产品大量涌现，随之引发的软件知识产权纠纷也逐渐增多。由于 .NET 平台的跨语言、跨平台特性使相关纠纷的司法鉴定工作遇到了一些新的技术问题。其中，最为关键的问题之一是，在 .NET 平台下，不同语言之间是否可以进行相似性鉴定，以及具体的鉴定方法等。

为明确 .NET 平台下不同语言之间是否可以进行相似性鉴定，以及具体的鉴定方案，笔者通过对 .NET 平台运行机制的分析，以实例来探究确认 .NET 平台下不同语言的软件之间进行相似性鉴定的必要性，并提出相应的鉴定方案。

一、.NET 平台软件跨语言鉴定的背景

以主张著作权为由的软件相似性鉴定的法律依据，主要是我国的《中华人民共和国著作权法》和《计算机软件保护条例》。《计算机软件保护条例》第二条、第三条均给出了计算机软件的相关定义："计算机软件是指计算机程序及其有关文档。计算机程序是指为了得到某种结果，而可以由计算机等具有信息处理能力的装置执行的代码化指令序列，或者可以被自动

第七章 跨编程语言的软件源代码/目标代码同一性鉴定技术

转换成代码化指令序列的符号化指令序列或者符号化语句序列。同一计算机程序的源程序和目标程序为同一作品。文档是指用来描述程序的内容、组成、设计、功能规格、开发情况、测试结果及使用方法的文字资料和图表等，如程序设计说明书、流程图、用户手册等。"《计算机软件保护条例》第七条明确指出了软件著作权保护的客体："本条例对软件著作权的保护不延及开发软件所用的思想、处理过程、操作方法或者数学概念等。"

因此，在以往基于计算机软件著作权保护的软件知识产权司法鉴定实践中，对于由不同语言设计开发的软件，一般不对其进行相似性比对。比如，在司法鉴定实践中，很少从著作权的角度对分别由编程语言 C++ 和 JAVA 设计的软件进行相似性鉴定。然而，在微软公司跨语言平台 .NET 出现后，这种情况发生了一些变化。由于 .NET 的跨平台、跨语言特性，同一个基于 .NET 平台进行设计开发的软件可以使用两种以上的编程语言进行开发，甚至可以借助一些转换工具将一种语言的代码转换为另外一种语言，而且这种转换可以自动完成。因此，在基于 .NET 平台进行设计开发的软件知识产权纠纷案例中，经常遇到被控侵权方提交鉴定的软件源代码，与控告方提交的软件源代码所使用的计算机编程语言不同，但都是基于 .NET 平台下的编程语言，而且双方软件的目标代码相同或相似程度较高。被控侵权方力图通过软件源代码的编程语言不同，主张两款软件不同，以此逃避侵权责任。但这并不符合"同一计算机程序的源程序和目标程序为同一作品"的规定。这对软件知识产权司法鉴定技术、鉴定方法均提出了新的挑战。以下分别从 .NET 的运行机制和代码实例来说明在这种情况下进行相似性鉴定的必要性。

二、.NET 平台软件跨语言鉴定的必要性

（一）.NET 平台下各种语言的编译运行机制

.NET Framework 是微软公司于 2002 年推出的一种跨语言平台，它是以

公共语言运行库（Common Language Runtime，CLR）为核心前提的。.NET 平台下各种语言的执行需要经过两个编译过程，如图 7-1 所示。

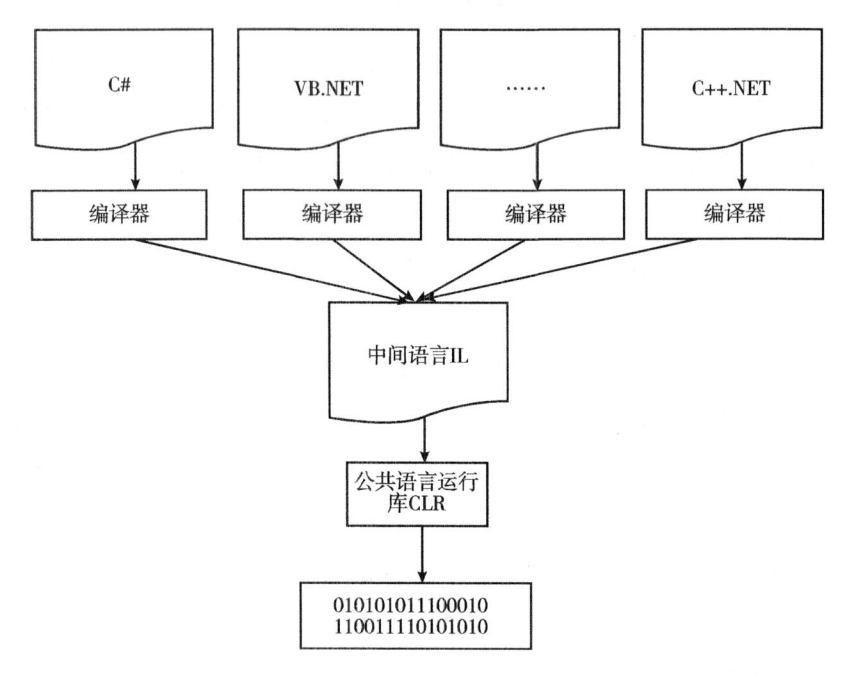

图 7-1 .NET 的运行机制示意图

第一个编译过程是把源代码编译为微软中间语言 IL，第二个编译过程是 CLR 把 IL 编译为平台专用的代码。其中，微软中间语言是一种低级语言，它使用数字代码，而不是文本代码，语法很简单，可快速地转换为本地机器码，具有平台无关性、提高性能和语言的互操作性等优点。

通过上面编译运行机制的分析可以看出，.NET 平台下各种编程语言设计的软件产品，最终执行的都是微软中间语言构成的代码，从而为不同语言设计的软件产品进行相似性鉴定提供了技术上的理论依据。

（二）不同语言软件间的自动转化实例

在.NET 平台下，不仅同一个软件可以由多种语言混合编写[24]，而且

第七章 跨编程语言的软件源代码/目标代码同一性鉴定技术

还可以利用一些第三方软件厂商的工具，如 Developer Fusion[25]、Coder Converter[26]等实现同一软件在不同语言间自由地、自动地切换。图 7-2、图 7-3 源代码函数分别由 C#. NET 和 VB. NET 编写。从直观上看，两个代码的表现形式差别较大，但从本质上说，第二段代码是由 Coder Converter 在第一段代码的基础上自动转化过来的，没有进行任何人工干预。两个代码均实现了与数据库连接进行数据查询的功能。

```
publicSqlDataReaderExecuteSQLReader()
        {
                SqlCommand command=new SqlCommand(Sqlstr, Establish
Connection());
                command.Connection.Open();
                SqlDataReader reader;
                reader = command.ExecuteReader();
return reader;
        }
```

图 7-2 .NET 平台软件代码转换实例（VB. NET 源代码）

```
Dim command As New SqlCommand(Sqlstr, EstablishConnection())
    command.Connection.Open()
    Dim reader As SqlDataReader
    reader = command.ExecuteReader()
    Return reader
End Function
```

图 7-3 .NET 平台软件代码转换实例（C#. NET 源代码）

这两段代码在计算机编译执行过程中，首先转化为相同的微软中间语言代码，内容如图 7-4 所示。

同时，以上这段中间语言代码可以由转换工具转换为上面两端代码中的任意一种形式。

通过这个转换实例可以看出，对于 .NET 平台软件知识产权司法鉴定，如果认为两款软件是由不同语言编写而拒绝进行相似性鉴定的依据，那显然是不科学的。

```
.method    public    hidebysig    instance    class
[System.Data]System.Data.SqlClient.SqlDataReaderExecuteSQLReader() cil managed
{
  .maxstack 3
  .locals init (
    [0] class [System. Data] System. Data. Sql Client. Sql Comm and command,
    [1] class [System. Data] System. Data. Sql Client. Sql Data Reader reader)
  L_0000: ldarg.0
  L_0001: ldfld string Common. Data Use. Data Use:Sqlstr
  L_0006: ldarg.0
  L_0007: call instance class
[System. Data] System. Data. SqlClient. SqlConnection Common. DataUse. Data Use Sql:Establish
Connection()
  L_000c: newobj instance void
[System. Data] System. Data. Sql Client. Sql Command:.ctor(string, class
[System. Data] System. Data. Sql Client. Sql Connection)
  L_0011: stloc.0
  L_0012: ldloc.0
  L_0013: callvirt instance class
[System. Data] System. Data. Sql Client. Sql Connection [System. Data] System. Data. Sql Client.
Sql Command:get_Connection()
  L_0018: callvirt instance void [System. Data] System. Data. Common. Db Connection:Open()
  L_001d: ldloc.0
  L_001e: callvirt instance class [System. Data] System. Data. Sql Client. Sql Data Reader
[System. Data] System. Data. Sql Client. Sql Command:ExecuteReader()
  L_0023: stloc.1
  L_0024: ldloc.1
  L_0025: ret
}
```

图 7-4 .NET 平台软件代码转换实例（中间语言代码）

三、.NET 平台软件跨语言鉴定方法

（一）跨语言的源代码相似性鉴定

基于.NET 平台下各种语言编译运行机制的分析，对.NET 平台下跨语言的源代码相似性鉴定，可以按照如下三个步骤进行。

（1）利用第三方的转换工具把不同语言的代码转化为同一语言。

（2）找出鉴定双方代码的对应关系，利用 Beyond Compare 对转化后的代码进行统计，统计双方代码中相同、不同和独有的代码行数，以代码的表现形式来判断相似性。

（3）如果第（2）步中发现双方的代码表现形式差异较大，还要人工地按照文件、类、函数去进一步解读代码，从代码的含义来判断其相似性。

（二）编译为中间语言的目标程序鉴定

在没有原始源代码的情况下，可以采用三种方式对编译为中间语言的目标代码进行相似性鉴定。

（1）查看编译后的代码文件的二进制格式或十六进制格式，利用 Beyond Compare 统计双方代码中相同、不同和独有的字节数，以二进制或十六进制的表现形式来判断相似性。

（2）利用第三方工具，如 .NET Reflector[27]，直接查看双方中间代码，然后利用 Beyond Compare 统计双方代码中相同、不同和独有的代码行数，以中间语言代码的表现形式来判断相似性。

（3）如应用第（1）（2）种方法发现双方的代码表现形式差异较大，还要继续采用第三方的工具。如 .NET Reflector，将中间语言的目标码反编译成同一种语言的源代码，从代码的含义来判断相似性。由于中间语言非机器码，因此反编译的准确率较高。

（三）加密或混淆技术处理过的目标程序鉴定

由于编译为中间代码的目标代码容易进行反编译，很多软件产品在发布的时候，进行了加密或混淆处理，以防止程序被反编译。.NET 平台下的典型加密工具有 Remotesoft Protector、Maxtocode、CliProtector、Reactor 等。在这种情况下，很难对其目标代码的相似性做出肯定或否定的判断。但在加密或混淆的过程中，仍会保留一些加密前的痕迹。比如，文件名称、类名称、函数名称、GUID（全局唯一标识符，Globally Unique Identifier）等。在鉴定实践中，要根据其采用的加密或混淆技术做具体分析，从细微处寻找进行深入鉴定的依据，以使鉴定双方提供更加直接、更容易进行鉴定的材料。

例如，采用 Reactor 加密过的 .NET 目标代码，在某些情况下通过反编译工具 .NET Reflector 反编译后，虽然不能得到全部的源代码，但是能够体现代码组织结构的类文件名称、部分函数名称是可以获得的。特别是目标代码文件的 GUID 加密前后保持不变。如果被比对双方的代码文件名称、类文件名称、函数名称相同，即便无法获取每个函数具体的源代码，也可以说明双方软件代码在组织结构安排上相同。在实际开发中，这种可能性非常小，据此可以促使鉴定双方提供未经加密过的原始源代码或目标代码。

GUID 是一个 16 字节的整数，其生成过程中用到了计算机的以太网卡地址、纳秒级时间、芯片标示码等信息。如果两个目标代码文件的 GUID 相同，那么无论其是否经过加密处理，都意味着这两个目标代码所对应的源代码存在一定的关联性。这是因为 GUID 是在源代码设计开发时生成的，无论是不同机器还是同一机器，重复的概率非常小[28]。因此，如果两个目标代码文件的 GUID 相同，那么就说明双方源代码具有共同的原始来源。

随着 .NET 平台的不断发展与日趋成熟，其影响和使用范围越来越广泛，.NET 平台间的跨语言转换日趋普遍，甚至出现了 .NET 平台语言向 RUBBY、PYTHON、DELPHI 等非 .NET 平台语言进行转换的需求和工具。在这种情况下，要求计算机软件的司法鉴定方法要与时俱进，适应新技术的发展需求，应该更加谨慎细致地对待跨语言的软件知识产权司法鉴定问题。

第二节　CCStudio 平台软件跨语言鉴定

一、CCStudio 平台跨语言鉴定的背景

Code Composer Studio，(CCStudio)，是用于德州仪器（TEXAS INSTRUMENT，TI）嵌入式处理器的集成开发环境。CCStudio 包含一整套用于开发

第七章 跨编程语言的软件源代码/目标代码同一性鉴定技术

和调试嵌入式应用的工具,支持汇编、C、C++编程语言。用户在编写嵌入式软件中,可以混合使用这三种语言,也可以单独使用。在使用C、C++语言编写源代码生成目标代码的过程中,通过编译设置,可以在不做任何人工编码工作的情况下,由CCStudio自动生成汇编语言。这种自动生成汇编语言的方式,在方便开发者的同时,也产生了新的知识产权司法鉴定问题,即CCStudio平台下的跨语言鉴定问题。在作者参与的软件知识产权司法鉴定中,就曾出现过这样的案例。原、被告双方软件属于同一技术领域,其目标代码有一定程度的相似性,但双方提交的软件源代码所使用的编程语言不同:一方是基于汇编语言,另一方则是基于C、C++语言。

与.Net平台下的软件编程语言的编译执行过程不同,无论是汇编语言还是C/C++经过编译后,都直接生成01格式的二进制机器码,不存在中间语言一说。因此,同样的问题是CCStudio平台软件是否具有进行跨语言鉴定的必要性和可行性。

二、CCStudio平台跨语言鉴定的必要性

由于CCStudio平台支持汇编、C、C++三种编程语言,并能够同时混合使用,且在编译C、C++源代码时能够自动生成汇编语言。因此,对CCStudio平台下汇编语言与C语言、汇编语言与C++语言进行跨语言鉴定是有必要的。

三、CCStudio平台跨语言鉴定方法

CCStudio平台下汇编语言与C、C++语言的跨语言鉴定,基本思想是利用CCStudio平台统一编程语言为汇编语言,然后对汇编语言进行比较。

(一)CCStudio平台自动生成汇编语言的过程

利用CCStudio开发环境,在编译C和C++代码文件的过程中,选择

"Project/Build Option"选项，进入图 7-5 设置，选中"Keep Generated . asm Files（-k）"选项，能够在编译过程中生成". ASM"格式的汇编代码文件。

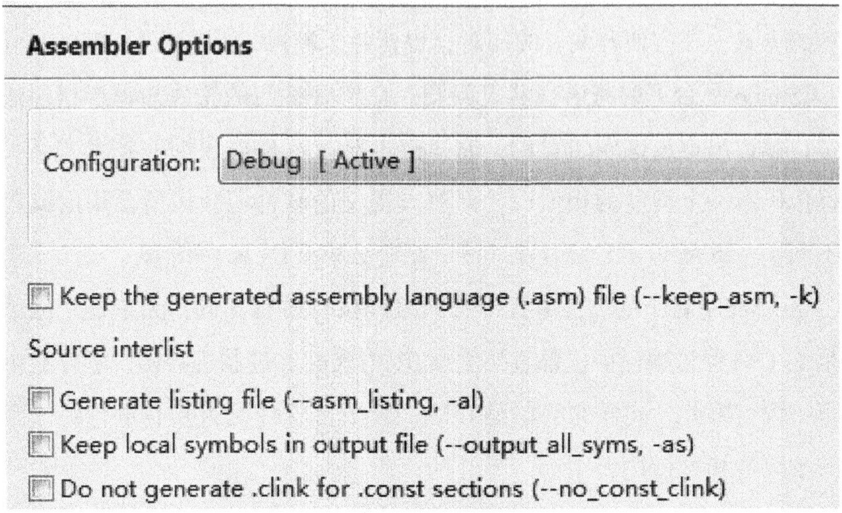

图 7-5　CCStudio 生成汇编代码文件

（二）CCStudio 平台自动生成汇编语言的特征

由 CCStudio 自动生成的汇编语言具有明显的特征，在比对过程中，应对这些特征有所了解，并去除可能影响比对结果的非代码内容。图 7-6 为 CCStudio 自动生成的汇编代码实例。从中可以看出 CCStudio 自动生成的汇编语言格式非常工整，包括注释、换行、空格等。如";"后的内容为注释，比对过程应去除，两个"|"之间的数字为汇编代码对应的原始 C 或 C++代码的代码行号。在司法鉴定实践中，通过分析双方提交的汇编代码是否具有 CCStudio 平台自动生成汇编语言的特征，也可以判断出其提交的汇编语言代码是否具有对应的 C 或 C++版本。

第七章 跨编程语言的软件源代码/目标代码同一性鉴定技术

```
_PMEstBemfCtrl:
        LCR         #_PMEstBemf
        ; call occurs [#_PMEstBemf] ;  |969|
        MOVW        DP,#_gCalcBemCef+18
        MOVL        ACC,@_gCalcBemCef+18    ;  |970|
        SUBL        @_gCalcBemCef+24,ACC    ;  |970|
        MOVL        ACC,@_gCalcBemCef+24    ;  |971|
        MOVW        DP,#_gPhase+4
        SETC        SXM
        MOVL        @_gPhase+4,ACC          ;  |971|
        MOVW        DP,#_gCalcBemCef+24
        MOVL        ACC,@_gCalcBemCef+24    ;  |972|
        MOVW        DP,#_gPMControlData+4
        SFR         ACC,16                  ;  |972|
        MOV         @_gPMControlData+4,AL   ;  |972|
        MOVW        DP,#_gIMT
        MOVL        ACC,@_gIMT              ;  |973|
        MOVW        DP,#_gPMAcrIM+16
        MOVL        @_gPMAcrIM+16,ACC       ;  |973|
        MOVW        DP,#_gIMT+2
        MOVL        ACC,@_gIMT+2            ;  |974|
        MOVW        DP,#_gPMAcrIT+16
        MOVL        @_gPMAcrIT+16,ACC       ;  |974|
        MOVW        DP,#_gPMAcrIM+14
        MOVL        ACC,@_gPMAcrIM+14       ;  |975|
        LSL         ACC,12                  ;  |975|
        MOVL        @_gPMAcrIM+14,ACC       ;  |975|
        MOVW        DP,#_gPMAcrIT+14
        MOVB        ACC,#0
        MOVL        @_gPMAcrIT+14,ACC       ;  |976|
        LCR         #_PMcurrentPI           ;  |977|
        ; call occurs [#_PMCurrentPI] ;  |977|
        LCR         #_PMVCVol               ;  |978|
        ; call occurs [#_PMVCVol] ;  |978|
        MOVW        DP,#_gBasePar+2
```

图 7-6 CCStudio 生成汇编代码实例

（三）CCStudio 平台自动生成汇编语言的比对

汇编语言基本构成形式为"指令 操作数，操作数"，如"MOV　AL,#50"。在比对过程中，一般遵循以下标准。

（1）汇编代码比对，以函数为单位，函数以"LRETR"结尾。

（2）MOV、MOVL、MOVB、MOVW 都指赋值语句，","右边的变量或立即数给","左边的变量赋值；一般情况下，连续给多个变量赋值是无所谓先后顺序的。L/B/W 表示长字、字节和字。

87

（3）LCR 表示调用函数，"LCR #_ func1"表示调用"func1"名称的函数，前面带"_"是机器编译为汇编语言特有的标识。

（4）B、BF 是条件跳转指令。跳转指令是否相同要深入一级看跳转后的汇编代码，一般只看到二级。"L 数字"为跳转的代码段标号，单独一行，仅作为代码跳转的指引，不参与比对。

（5）";"后的内容为注释，且这种注释是由计算机添加的，不参与比对。

从以上分析可以看出，CCStudio 平台的跨语言鉴定既是必要的，也是可行的。尽管 CCStudio 平台下的跨语言鉴定案件并不多见，但对于这类案件只有保持科学的认识，才能给出相对客观、公正的鉴定意见。

第三节　JAVA 与 C#编程语言间的跨语言鉴定

一、JAVA 与 C#跨语言鉴定的背景

前面对.NET 平台软件的跨语言鉴定进行了分析，本节对.NET 平台下的 C#语言和 JAVA 语言的跨语言鉴定进行深入分析，尽管 JAVA 编程语言不属于.NET 平台。

JAVA 是一种可以撰写跨平台应用软件的面向对象的程序设计语言，是由 Sun Microsystems 公司于 1995 年 5 月推出的程序设计语言。JAVA 语言的特点是语法简单、编程效率高。该语言得到了广大程序员的认可，并且其开源的特性使其成为最受欢迎的计算机编程语言之一。.NET Framework 是微软公司于 2002 年推出的一种跨语言平台，是以公共语言运行库（Common Language Runtime，CLR）为核心前提的，其最主要的编程语言是 C#。C#语言与 JAVA 具有相同的特性，即语法简单、编程效率高，近年来发展也较为迅速。

C#与JAVA的语法规则较为接近，并且较JAVA出现的时间要晚些。在C#出现之前，大量的基于JAVA编写的源代码被设计并公开，尤其涉及一些计算机算法的程序代码。在C#出现后，一些程序员基于已公开的JAVA代码进行C#程序设计，因此也就产生了一些涉及这两种语言的软件知识产权纠纷。对于这类案件，同样需要明确是否具有跨语言鉴定的必要性和可行性。

二、JAVA与C#跨语言鉴定的必要性

下面将分别从JAVA语言与C#语言之间的语法规范和编译原理来分析这两种语言进行跨语言鉴定的必要性，并进一步应用实际案例来说明这种鉴定是必要的。

（一）语法规范高度相似

两种计算机编程语言在变量类型、变量定义、类和接口定义、访问控制、内存分配、循环、判断等基本的编程语法规范方面高度相似。这些基本的语法内容是进行程序设计最基本、最核心的内容；不同之处，如命名空间、包定义等相对于基本语法来说，有一些细微的差别，但这些差别不是显著的，甚至是可以通过简单的关键字替换即可实现两种语言间的替换。因此，一段JAVA代码和一段C#代码从形式上看很相似，并且可以非常容易地通过人工完成代码之间的转换。从这个角度来说，进行JAVA和C#两种语言之间的跨语言鉴定是十分必要的。

（二）编译执行原理相似

前面介绍了两种编程语言的编译和执行原理（C#编译原理见".NET平台下各种语言的编译运行机制"一节）。首先，这两种语言的编译和执行分别需要JAVA虚拟机和公共语言运行库CLR作为中间环节，都属于解释性语言。其次，这两种编程语言的内存管理都采用了所谓的垃圾回收机制，

软件知识产权司法鉴定技术与方法

这与 C、C++ 必须手动删除堆内存的方式不同。

（三）软件自动转换的实例

对于代码规模较小的 JAVA 或 C#代码，通过人工阅读的方式，可以较为迅速地更改为另一种语言。对于规模较大的代码，可以通过第三方工具进行代码的自动转换。常用的代码转换工具有 Sharpen、JAVA to C# Converter、Octopus .NET Translator、XES – JAVA To C#、JAVA Language Conversion Assistant 2.0、Varycode 等。

图 7-7 是一段实现字符串加密的 JAVA 源代码，图 7-8 是这段代码对应的 C#代码，从形式上看这两段代码高度相似。实际上，后一段代码是人工阅读后修改的代码。

```
public static string Escape(string s)
{
    StringBuilder stringBuilder = new StringBuilder();
    byte[] bytes = Encoding.Unicode.GetBytes(s);
    for (int i = 0; i < bytes.Length; i += 2)
    {
        if (bytes[i + 1] == 0)
        {
            if ((bytes[i] >= 48 && bytes[i] <= 57)
             || (bytes[i] >= 64 && bytes[i] <= 90) || (bytes[i] >= 97 && bytes[i] <= 122) || bytes[i] == 42 ||
            bytes[i] == 43 || bytes[i] == 45 || bytes[i] == 46 || bytes[i] == 47) || bytes[i] == 95)
            {
                stringBuilder.Append(Encoding.Unicode.GetString(bytes, i, 2));
            }
            else
            {
                stringBuilder.Append("%");
                stringBuilder.Append(bytes[i].ToString("X2"));
            }
        }
        else
        {
            stringBuilder.Append("%u");
            stringBuilder.Append(bytes[i + 1].ToString("X2"));
            stringBuilder.Append(bytes[i].ToString("X2"));
        }
    }
    return stringBuilder.ToString();
}
```

图 7-7　JAVA 与 C#转换实例（JAVA 源代码）

第七章 跨编程语言的软件源代码/目标代码同一性鉴定技术

```
public static string Escape(string s)
{
        StringBuilder stringBuilder = new StringBuilder();
        byte[] bytes = Encoding.Unicode.GetBytes(s);
        for (int i = 0; i < bytes.Length; i += 2)
        {
                if (bytes[i + 1] == 0)
                {
                        if ((bytes[i] >= 48 && bytes[i] <= 57) || (bytes[i] >= 64 && bytes
[i] <= 90) || (bytes[i] >= 97 && bytes[i] <= 122) || bytes[i] == 42 || bytes[i] == 43 || bytes[i] == 45
|| bytes[i] == 46 || bytes[i] == 47) || bytes[i] == 95)
                        {
                                stringBuilder.Append(Encoding.Unicode.GetString(bytes, i, 2));
                        }
                        else
                        {
                                stringBuilder.Append("%");
                                stringBuilder.Append(bytes[i].ToString("X2"));
                        }
                }
                else
                {
                        stringBuilder.Append("%u");
                        stringBuilder.Append(bytes[i + 1].ToString("X2"));
                        stringBuilder.Append(bytes[i].ToString("X2"));
                }
        }
        return stringBuilder.ToString();
}
```

图 7-8 JAVA 与 C#转换实例（C#源代码）

三、JAVA 与 C#跨语言鉴定的方法

在笔者参与的软件知识产权司法鉴定案件中，涉及 JAVA 和 C#代码同一性鉴定的案件也时常有之，但涉及的代码量不大，主要是涉及一些算法类或通用功能的代码。上面提到的字符串加密的实例，是作者参与的一个真实案例。对于 JAVA 与 C#跨语言鉴定，可以分别从二者的源代码和目标代码加以分析。

（一）JAVA 和 C#源代码之间的同一性鉴定

对于这种情况，可以采用类似.NET 平台下软件源代码同一性鉴定的思路。采用转换工具将一种语言源代码转化为另一种语言，然后采用源代码同一性鉴定的基本步骤进行比对。如果代码规模不大，可以直接进行人工阅读。因为两种语言的语法规范高度相似，可以直接判断其相似性。

（二）JAVA 和 C#目标代码之间的同一性鉴定

JAVA 和 C#目标代码的执行分别依赖于 JAVA 虚拟机和 . NET Framework。两者的目标代码不能进行直接的二进制比对，这种比对没有实际意义。针对目标代码的比对，最可行的方式是分别对目标代码进行反编译得到对应的两种语言的源代码，然后再按照源代码比对的方式进行比对，给出比对结论。

第八章 数据库结构鉴定技术

第一节 数据库与数据库结构

一、数据库结构与数据库内容的区别与联系

对于现代的管理信息系统类软件来说，数据库是其软件最为核心的内容。就数据库的概念而言，目前尚未有明确统一的界定。但在软件开发领域，数据库包括两个层面的概念：一是数据库结构，二是数据库内容。多数情况下，无论是软件技术开发人员还是软件用户，都不严格区分数据库结构和数据库内容的概念，而统称为"数据库"。实际上，二者既有区别，又有联系。

如果把数据库比作一个带有多个小格子的、用于安放各种文件资料的文件柜，那么数据库结构可以理解为这个文件柜的内部结构构成，文件柜中每个格子里装有什么类型的文件资料，以及其占据的空间大小等都是事先设计好的，而且这个结构是经过设计师精心设计的，既"美观又实用"。当然，不同的设计师设计风格也不一样，文件柜的差异也比较显著，存储在文件柜中的各种资料则是数据库内容。把文件资料放在文件柜中，便于文件的管理。

二、数据库管理系统

在现实世界中，制作文件柜可能需要用"刀""锤""锯"等工具对木头、铁皮进行加工而成为最终的文件柜。在计算机中，是不是也有类似的工具呢，答案是肯定的。在计算机中，制作文件柜的工具称为数据库管理

系统（Database Management System，DBMS）。

数据库管理系统是一种操纵和管理数据库的大型软件，用于建立、使用和维护数据库。数据库管理系统是数据库系统的核心，是管理数据库的软件。数据库管理系统把用户意义下抽象的逻辑数据处理转换成为计算机中具体的物理数据。有了数据库管理系统，用户就可以在抽象意义下处理数据，而不必顾及这些数据在计算机中的布局和物理位置。

数据库管理系统可以理解为生产文件柜的"车间"，在这个"车间"中，拥有各种自作、修改文件柜的"工具"，能够将"设计师"的想法转化为实际的产品。同时，这个"车间"还提供文件柜的"托管"服务，用户需要对文件柜中的文件资料进行更新，都可以由这个"车间"代劳，用户只要发出指令即可。

常用的数据库管理系统有 SYBASE、DB2、ORACLE、My SQL、ACCESS、Visual FoxPro、MS SQL Server、Informix、PostgreSQL 等。

三、数据库对象构成

以上用文件柜的例子来加深对数据库、数据库结构的理解。然而，计算机中的数据库结构要比文件柜的结构更为复杂。数据库结构中所涉及的内容有表、索引、视图、默认值、规则、触发器、存储过程和函数等，这些内容统称为数据库对象，如图8-1所示。

数据表与人们在日常生活中所使用的表格类似，它也是由行和列组成的。列由同类的信息组成，每列又称为一个字段，每列的标题称为字段名。行包括了若干列信息项。一行数据称为一个或一条记录，它表达了具有一定意义的信息组合。一个数据库表由一条或多条记录组成，没有记录的表称为空表。每个表中通常都有一个主关键字，用于唯一确定的一条记录。

第八章　数据库结构鉴定技术

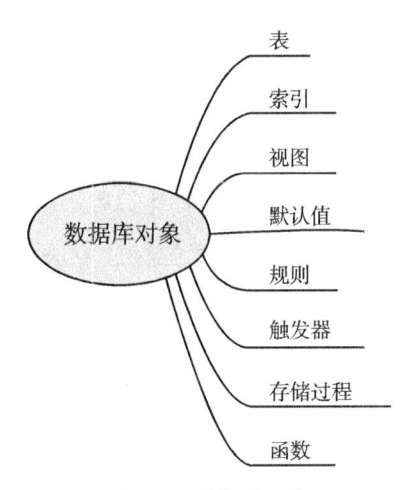

图 8-1　数据库对象

索引是根据指定的数据库表列建立起来的顺序。它提供了快速访问数据的途径，并且可监督表的数据，使其索引所指向的列中的数据不重复。

视图看上去似乎同表一模一样，具有一组命名的字段和数据项，但它其实是一个虚拟的表，在数据库中并不实际存在。视图是由查询数据库表产生的，它限制了用户能看到和修改的数据。视图可以用来控制用户对数据的访问，并能简化数据的显示，即通过视图只显示那些需要的数据信息。

缺省值是当在表中创建列或插入数据时，对没有指定其具体值的列或列数据项赋予事先设定好的值。

规则是对数据库表中数据信息的限制，它限定的是表的列。

触发器由事件来触发，不仅可以查询其他表，而且可以包含复杂的 SQL 语句。它们主要用于强制服从复杂的业务规则或要求，也可用于强制引用完整性，以便在多个表中添加、更新或删除行时，保留在这些表之间所定义的关系。

存储过程是为完成特定的功能而汇集在一起的一组 SQL 程序语句，经编译后存储在数据库中的 SQL 程序。

函数与存储过程类似，也是由一组 SQL 语句构成，只是在具体的应用上有些差别。

以上数据库对象描述中使用了"SQL"语句。SQL 全称是"结构化查询语言（Structured Query Language）"，它是一种数据库查询和程序设计语言，用于存取数据以及查询、更新和管理关系数据库系统。SQL 同时也是数据库脚本文件的扩展名。SQL 是高级的非过程化编程语言，允许用户在高层数据结构上工作。它不要求用户指定对数据的存放方法，也不需要用户了解具体的数据存放方式，所以具有完全不同底层结构的不同数据库系统，可以使用相同的 SQL 语言作为数据输入与管理的接口。它以记录集合作为操作对象，所有 SQL 语句接受集合作为输入，返回集合作为输出。这种集合特性允许一条 SQL 语句的输出作为另一条 SQL 语句的输入，所以 SQL 语句可以嵌套。这使它具有极大的灵活性和强大的功能。在多数情况下，在其他语言中需要一大段程序实现的功能，而它只需要一个 SQL 语句就可以达到目的，这也意味着用 SQL 语言可以写出非常复杂的语句。不难看出，SQL 语句实际上是一种专门针对数据库的编程语言。

第二节　数据库结构非公知性鉴定方法

在软件知识产权司法鉴定实践中，主张数据库结构非公知的鉴定案件较多。在作者参与的司法鉴定案件中，针对数据库结构非公知的案件数量仅次于软件源代码的非公知鉴定案件，而针对数据库内容进行非公知鉴定的案件却微乎其微。

关于数据库结构非公知鉴定的法律依据与软件源代码的非公知鉴定基本相同，其最主要的依据仍然是，我国的《中华人民共和国刑法》《中华人民共和国反不正当竞争法》，以及国家工商行政管理局颁布的《关于禁止侵犯商业秘密行为的若干规定（修正）》。在鉴定过程中，依然是对《最高人民法院关于审理不正当竞争民事案件应用法律若干问题的解释》第九条所提到的有关破坏数据库结构非公知性的六项因素逐一进行排除。

首先，由于带有数据库的软件产品销售后，其数据库结构信息完全向用户开放，用户通过简单的观察，即可获知数据库结构信息。这与软件目标代码非公知有些类似。因此，判断数据库结构非公知性的前提是数据库结构信息难以获取。比如，在软件销售中明确约定用户对软件相关技术内容（包括数据库结构信息）的保密义务，限定软件的使用范围，也限定了数据库结构的使用范围，这些都使非授权用户无法简单容易地获取数据库结构信息。如果这一条件不成立，那么可以直接否定数据库结构的非公知性。

其次，在满足上一条的基础上，还要对数据库结构信息进行分析。分析的目的是判断数据库结构是否是普通技术人员所知悉的，或者是否是行业惯例。比如，管理信息系统中用户、角色、权限管理相关的数据库表结构，各家软件企业和软件开发人员设计的结构基本相同和相似。还有一些数据库结构，表的设计是依据行业标准进行设计的，因此，这类的数据库结构信息就不具有非公知性。

最后，是对数据库结构信息的检索。对数据库结构的检索更多像是形式。因为，与软件源代码不同，数据库结构信息不是以简单的文本形式存在的，也没有类似于开源软件的网站，也没有专门搜集数据库结构信息的网站和组织。在司法鉴定实践中，一些鉴定机构以数据库表的字段内容去检索各类论文数据库，这种做法是笔者不赞同的。

第三节 数据库结构同一性鉴定方法

数据库结构的同一性鉴定最为核心的是数据库表的同一性鉴定，其次是函数和存储过程的同一性鉴定。

一、数据库表的同一性鉴定

（一）数据库表结构的基本构成

数据库表由若干列组成，每一列称为一个字段，字段包括字段的名称、类型、长度、是否为空、主键外键约束等内容。图 8-2 中的表有四个字段，分别为 AgengcyID、AgencyName、CreateTime 和 UpdateTime；其中，字段 CreateTimehe UpdateTime 存储的是时间信息，并且不允许为空，而字段 AgencyID 存储的是整数，是这个表的唯一主键。

（二）数据库表结构的查看方式

查看数据库表结构的方式有三种：一是通过设计视图查看，如图 8-2 所示。不同的管理信息系统其设计视图会有细微的差别，但基本形式是一致的。二是通过查询数据库表的内容，如图 8-3 所示。三是查看数据库表的 SQL 脚本，如图 8-4 所示。

LYQ.BIGC - dbo.T_Agency

列名	数据类型	允许 Null 值
AgencyID	int	☐
AgencyName	nvarchar(128)	☑
CreateTime	smalldatetime	☑
UpdateTime	smalldatetime	☑
		☐

图 8-2　数据库表的结构设计实例

结果　消息

	AgencyID	AgencyName	CreateTime	UpdateTime
1	1	北京北新智诚知识产权代理有限公司11100	2014-09-28 08:55:00	2014-09-28 08:55:00
2	2	北京思海天达知识产权代理有限公司11203	2014-09-28 08:55:00	2014-09-28 08:55:00
3	3	北京中海智圣知识产权代理有限公司11282	2014-09-28 08:55:00	2014-09-28 08:55:00
4	4	北京市广友专利事务所有限责任公司11237	2014-09-28 08:55:00	2014-09-28 08:55:00
5	5	北京风雅颂专利代理有限公司11403	2014-09-28 08:55:00	2014-09-28 08:55:00
6	6	北京路浩知识产权代理有限公司11002	2014-09-28 08:55:00	2014-09-28 08:55:00
7	7	北京同汇友专利事务所(普通合伙)11136	2014-09-28 08:55:00	2014-09-28 08:55:00
8	8	北京华谊知识产权代理有限公司	2014-09-28 08:55:00	2014-09-28 08:55:00
9	9	北京天达知识产权代理事务所(普通合伙)11386	2014-09-28 08:55:00	2014-09-28 08:55:00
10	10	北京元本知识产权代理事务所11308	2014-09-28 08:55:00	2014-09-28 08:55:00

图 8-3　数据库表的内容查询结果实例

第八章 数据库结构鉴定技术

```
CREATE TABLE [dbo].[T_Agency](
        [AgencyID] [int] IDENTITY(1,1) NOT NULL,
        [AgencyName] [nvarchar](128) NULL,
        [CreateTime] [smalldatetime] NULL,
        [UpdateTime] [smalldatetime] NULL,
CONSTRAINT [PK_T_AGENCY] PRIMARY KEY CLUSTERED
(
        [AgencyID] ASC
)WITH (PAD_INDEX  = OFF, STATISTICS_NORECOMPUTE  = OFF, IGNORE_DUP_KEY
 = OFF, ALLOW_ROW_LOCKS  = ON, ALLOW_PAGE_LOCKS  = ON) ON [PRIMARY]
) ON [PRIMARY]
GO
ALTER TABLE [dbo].[T_Agency] ADD  DEFAULT (getdate()) FOR [CreateTime]
GO
ALTER TABLE [dbo].[T_Agency] ADD  DEFAULT (getdate()) FOR [UpdateTime]
GO
```

图 8-4 数据库表的结构设计脚本实例

（三）数据库表结构的比对方法

在进行数据库表的同一性比对过程中，方式一和方式三最为常用。因为这两种方式中包含了数据表结构的所有信息。方式一所见即所得的方式，最为直观，且易于理解。方式三以 SQL 脚本的形式进行比对，适用于数据库表数量较多的情况。在比对过程中，既可以人工阅读，也可以借助于 Beyond compare 比对工具。

方式二仅包括数据库表的字段名称和字段存储内容。方式二一般作为数据库表结构比对的补充手段。例如，在不明确字段确切含义的情况下，可以比较其存储的内容辅助判断字段是否相同。

在具体比对过程中，判断表是否具有同一性，主要考虑字段名称、类型、字段长度、主键约束、外键约束作为参考内容，如图 8-5 所示。在复杂的数据库结构设计或者数据库结构修改较大的鉴定案件中，通过字段存储内容及表之间的关系，来辅助判断字段是否具有同一性。

软件知识产权司法鉴定技术与方法

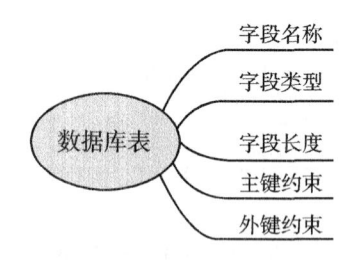

图 8-5　数据库表的同一性比对内容

二、存储过程与函数的同一性鉴定

存储过程与函数是以 SQL 脚本形式创建并存在的，查看的方式也是直接采用 SQL 脚本的形式。从形式上来说，存储过程和函数并没有明显的不同，在鉴定实践中一般将其同等对待。下面的一段 SQL 脚本是 SQL SERVER 创建存储过程的一个实例，直观上可以将这段 SQL 脚本看成软件的源代码。

```
create PROCEDURE [dbo].[Agency_Count]
@x int,
@y int
AS
BEGIN
        -- SET NOCOUNT ON added to prevent extra result sets from
        -- interfering with SELECT statements.
        SET NOCOUNT ON;
    -- Insert statements for procedure here
declare @sql_cmd varchar(2000)
set @sql_cmd='
            SELECT    top '+convert(varchar(10),@y)+' T_Agency.AgencyName AS agency,
COUNT(T_PatentAgency.AgencyID) AS count
          FROM      dbo.T_PatentAgency INNER JOIN
            T_Agency ON T_PatentAgency.AgencyID = T_Agency.AgencyID
            WHERE     (T_PatentAgency.PatentNumber IN
              (SELECT    PatentNumber
               FROM      T_TaskPatent
               WHERE     (TaskID IN ('+convert(varchar(10),@x)+') and isrelated=1)))
    GROUP BY T_PatentAgency.AgencyID, T_Agency.AgencyName
     order by count desc'
exec(@sql_cmd)
END
GO
```

在进行存储过程与函数的同一性比对过程中,可采用代码的比对方式。即采用 Beyond Compare 进行行数比对。但在实践中,由于存储过程和函数的换行并不像代码的换行那么有规则,因此,Beyond Compare 的比对仅适用于那些修改不显著的案例。更为科学地处理方式仍然是人工阅读存储过程和函数的具体内容,理解其功能,结合其脚本形式进行比对。

鉴定工具篇

第九章 反编译工具

在软件知识产权司法鉴定中,应用最多的软件工具包括各种编程语言的反编译工具和软件代码比对工具。本章主要介绍常见的反编译工具。

第一节 .NET 反编译工具

在.NET平台软件程序反编译工具中,最为典型的有商业反编译工具.NET Reflector 和开源反编译工具 ILspy。

一、.NET Reflector

.NET Reflector 是由英国 Red Gate 软件公司设计开发的一款商业收费.NET 反编译工具[29],它支持 C#.NET、VB.NET、F#.NET、C++.NET、IL 语言,软件启动界面,如图 9-1 所示,启动后的运行界面如图 9-2 所示。

图 9-1 .NET Reflector 启动主界面

软件知识产权司法鉴定技术与方法

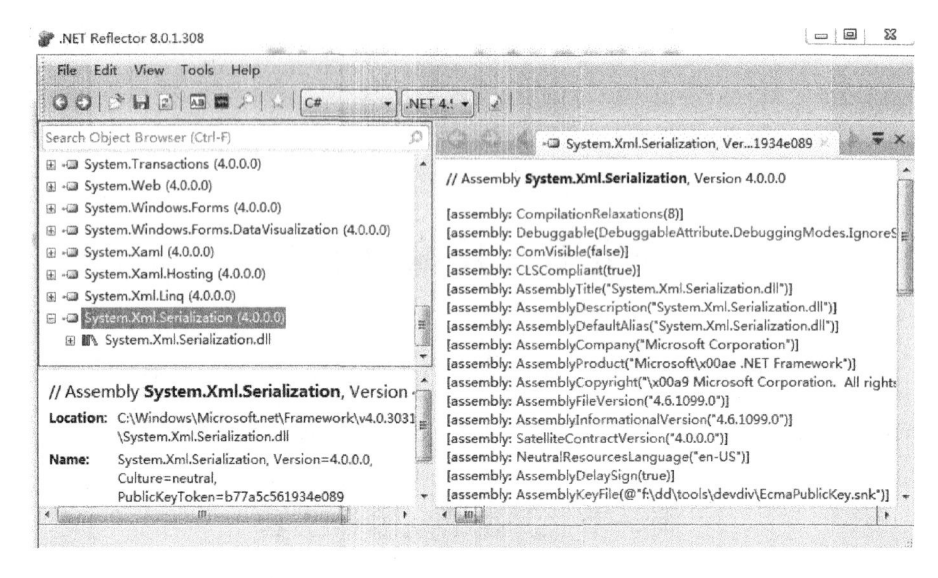

图 9-2 .NET Reflector 运行主界面

　　.NET Reflector 可将.NET 平台目标代码反编译为 C#.NET、VB.NET、F#.NET、C++.NET、IL 中的任何一种语言，并且可在各语言间自由切换，图 9-3 显示反编译语言设置选项。

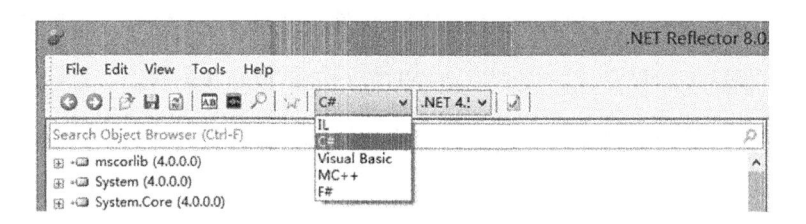

图 9-3 .NET Reflector 设置反编译语言

　　.NET Reflector 支持.NETframework1.0、2.0、3.5、4.0、4.5 版本，图 9-4 显示反编译.NET 版本设置选项。当选择不同版本时，反编译结果会有差别。在鉴定过程中，要保持被比对双方反编译的.NET 版本设置一致。

106

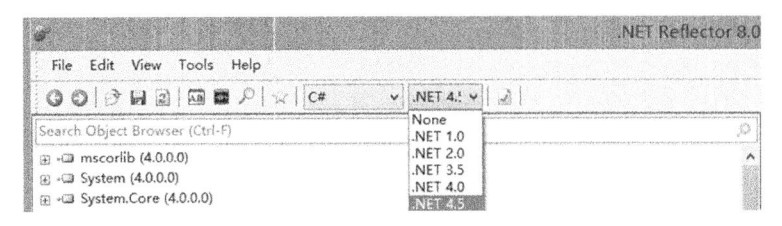

图 9-4 .NET Reflector 设置 .NET 版本

在反编译过程中，通过菜单栏的 File→Open Assembly 打开目标代码文件，或者通过鼠标直接将目标代码文件拖拽到软件界面左侧，在软件界面右侧显示目标代码文件的版权信息和全局 GUID 信息，如图 9-5 所示。

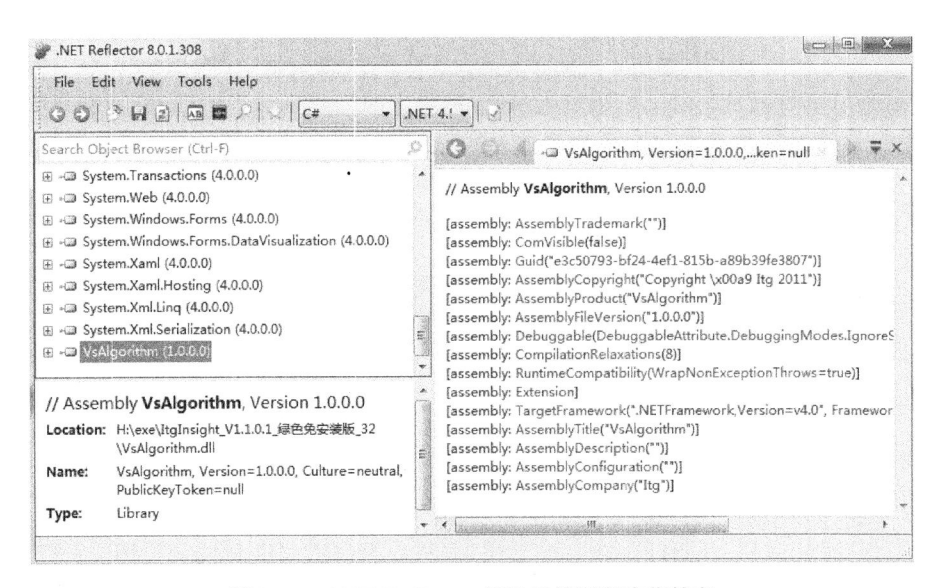

图 9-5 .NET Reflector 显示反编译程序集信息

点击被反编译的程序集名称后，软件以树形结构显示程序集内部的命名空间、类名称和类的成员，反编译得到的代码在软件右侧显示，如图 9-6 所示。

软件知识产权司法鉴定技术与方法

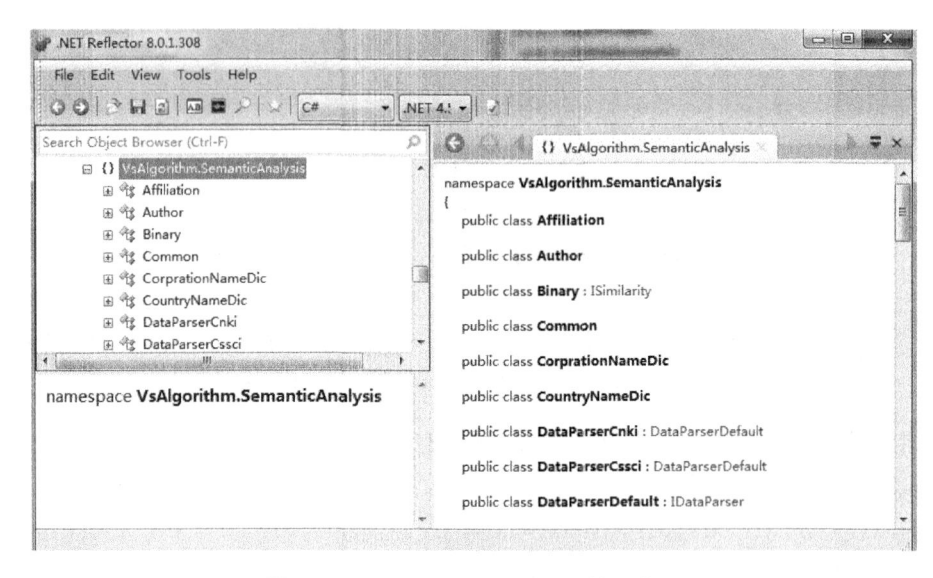

图 9-6 .NET Reflector 显示反编译代码

对于反编译得到的代码通过菜单栏 File→Export Assembly Source Code 批量导出，如图 9-7 所示。

图 9-7 .NET Reflector 批量导出反编译代码

在反编译得到的代码文件中，AssemblyInfo.cs、Global.cs（以 C#语言为例）文件是.NET Reflector 生成的代码文件，在鉴定中不作为鉴定对象。

108

第九章　反编译工具

二、ILspy

ILspy 是一款开源、免费的 .NET 反编译工具[30]，支持 C#.NET、VB.NET、IL 语言，软件运行界面如图 9-8 所示，反编译操作界面如图 9-9。ILspy 反编译的操作方法与 .NET Reflector 类似。

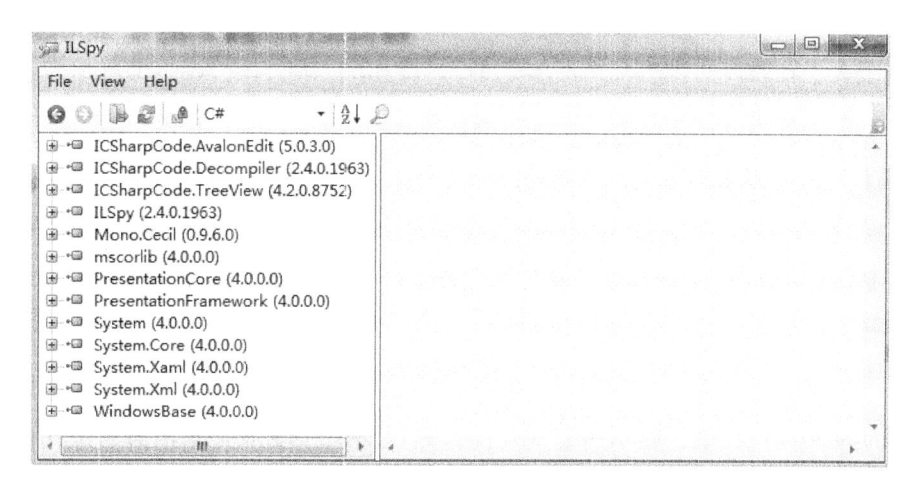

图 9-8　ILspy 运行主界面

图 9-9　ILspy 反编译操作界面

第二节　C/C++反编译工具

C/C++反编译工具中应用最为广泛的是 IDA Pro（交互式反汇编器专业版，Interactive Disassembler Professional）。IDA 是总部位于比利时列日市的 Hex-Rayd 公司的一款产品。该软件可以对 Dos、Windows、Unix、Mac 等操作系统上 C、C++、JAVA、NET 等各种编程语言进行反编译。IDA 的功能多且强大，在软件知识产权司法鉴定中，一般用于对基于 C/C++编程语言编写的目标代码进行反汇编，获得汇编代码进行目标程序的比对。这是因为，基于 C/C++编程语言编写的计算机软件源代码，经过编译生成目标代码后，无法通过技术手段获取与源代码相同或相似的 C/C++源代码。但是，可以通过类似 IDA 之类的工具获取与之相对应的汇编代码。通过汇编代码比对来判断目标代码和源代码的同一性。

一般来说，如果两个程序的汇编代码相同，那么其对应的源代码相同或实质相同；反之，则不一定成立。这是因为，即便是完全相同的源代码在不同的操作系统、不同的编译器上进行编译得到的目标代码可能不同，由目标代码反编译得到的汇编代码也可能不同。因此，在软件知识产权司法鉴定中，在没有软件源代码的情况下，进行基于 C/C++编程语言设计的软件程序同一性鉴定经常应用到 IDA。

IDA 启动后，主页面如图 9-10 所示。IDA Pro 主页面，对目标代码反编译后的运行结果如图 9-11 所示。其中显示的是目标代码符号表，通过切换 names、functions、structures、enums 等标签获取目标代码中的程序变量名、函数名、结构体及枚举变量等内容。选择函数名称进一步双击查看反汇编结果。通过 IDA-View A 查看函数的调用关系，通过 HES-View A 查看 16 进制的目标代码程序。

第九章 反编译工具

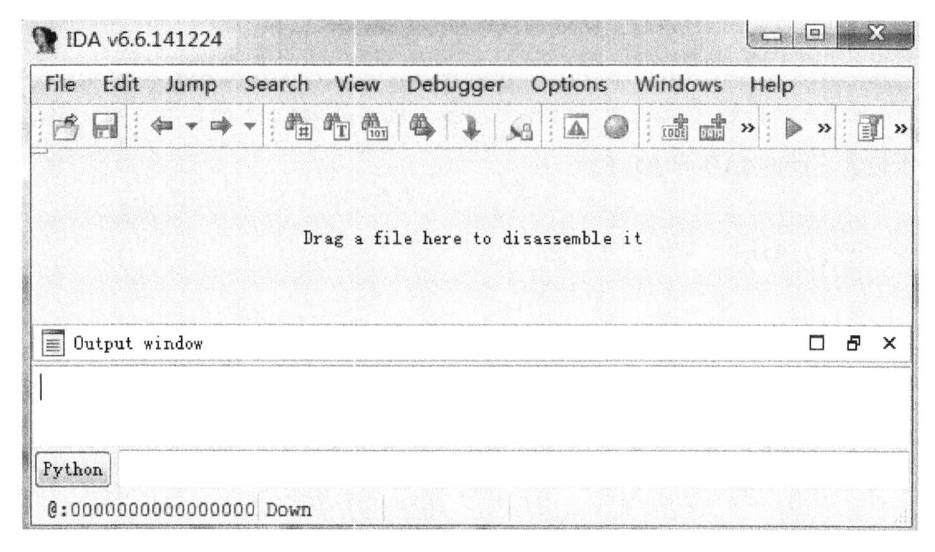

图 9-10 IDA Pro 主页面

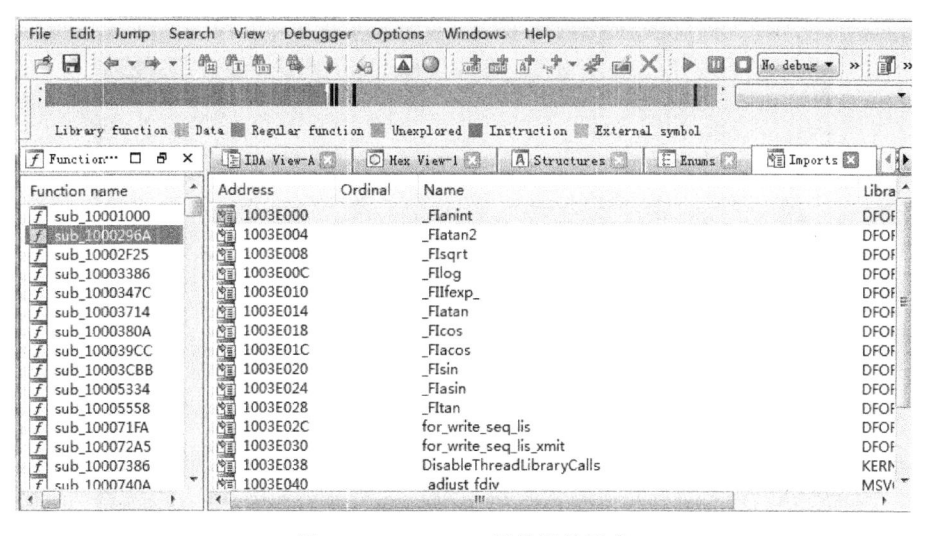

图 9-11 IDA Pro 反编译符号表

第三节　JAVA 反编译工具

JAVA 软件程序反编译工具种类较多，且多数为免费的工具，如应用范围较为广泛的 JAD 和 JODE。

一、JAD

JAD 是一款免费的 JAVA 反编译工具[31]，使用 Microsoft Visual C++开发，运行速度快，可以处理复杂的 JAVA 文件。灵活的参数设置使 JAD 可以应付多种加密手段，反编译的代码更加优化和易读。JAD 本身是一个命令型工具，没有图形界面。为此，用户广泛使用一些基于 JAD 反编译内核、增加用户操作界面的反编译工具，如 JAVA Decompiler、XJad、Decafe Pro 等。以下以 JAVA Decompiler 为例，演示其反编译过程。图 9-12 为软件运行界面。

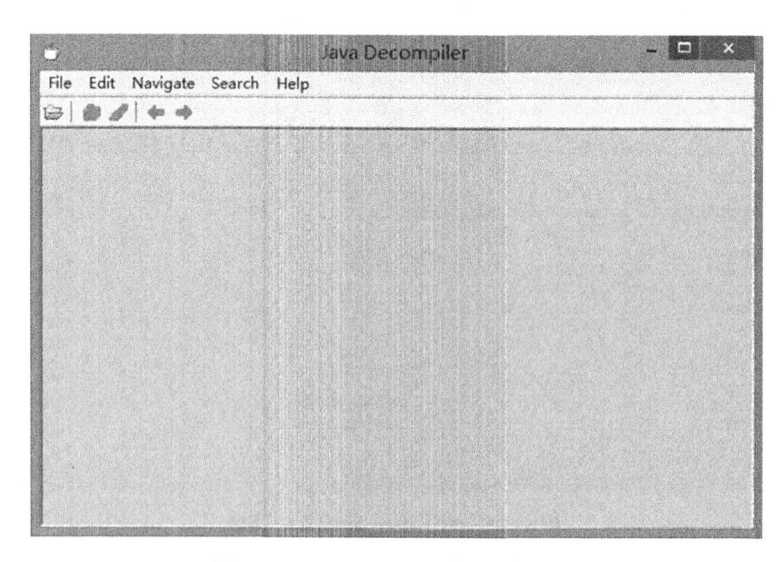

图 9-12　JAVA Decompiler 主界面

第九章 反编译工具

在反编译过程中，通过菜单栏的 File→Open File 打开目标代码文件，或者通过鼠标直接将目标代码文件拖拽到软件界面，目标代码文件可以是单个的 Class 文件、Jar 包文件、Zip 压缩文件，根据反编译对象类型进行选择，操作如图 9-13。

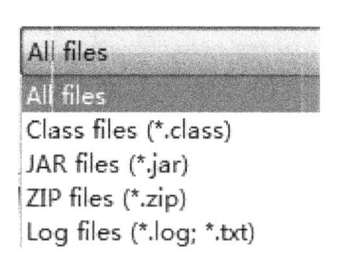

图 9-13　JAVA Decompiler 文件类型选择

反编译后的目标代码浏览方式如图 9-14 所示，与 C#反编译工具 .NET Reflector 基本相同。反编译后的代码存储通过菜单栏的 File→Save Sorce/Save All Sources 完成。

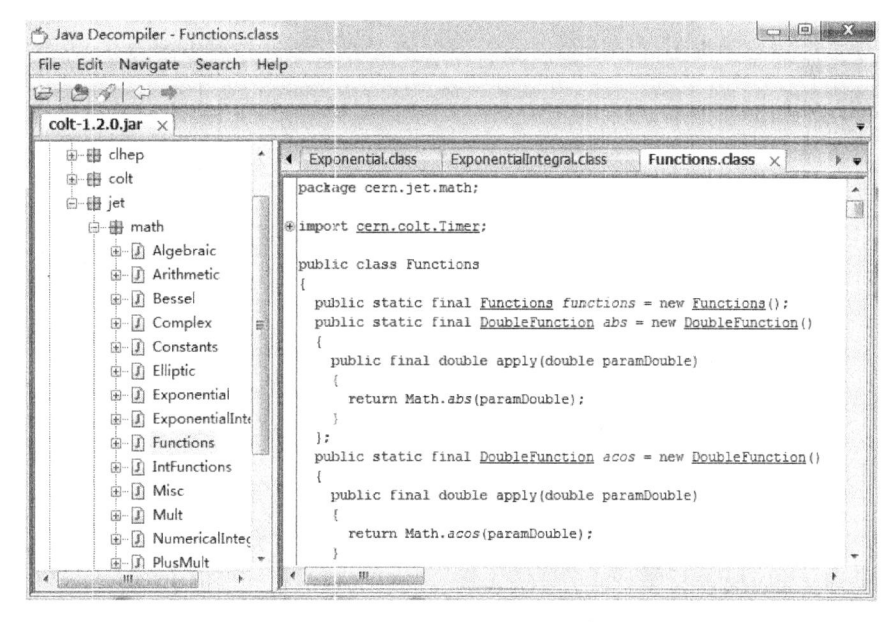

图 9-14　JAVA Decompiler 反编译操作界面

113

二、JODE

JODE 是一款开源的 JAVA 反编译工具，全称为 JAVA Optimize and Decompile Environment[32]，它是基于 JAVA 语言编写的，对于混淆技术反编译效果较好。

JODE 是一个可运行的 JAR 文件，在 Windows 环境下双击即可运行，其运行主界面如图 9-15 所示。JODE 不是通过常规的 Open→File 的方式来加载 JAVA 编译后的目标代码文件，而是通过在菜单栏 Option 中的 Set Classpath 实现的，单独的 Class 类文件可以将它的上一级目录作为 Classpath 输入，然后再选择 Reload Classpath 即可。如果是 Jar 包文件，那么可以直接设置 Jar 包的完整路径。

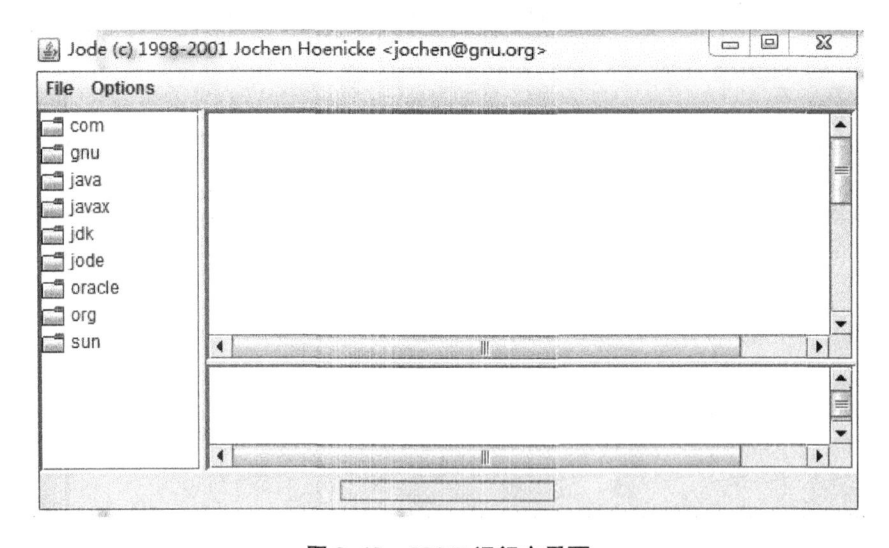

图 9-15 JODE 运行主界面

反编译后的目标代码浏览方式如图 9-16 所示，与 C#反编译工具 .NET Reflector 和 JAVA 反编译工具 JAVA Decompiler 基本相同。但 JODE 不提供反编译结果的批量保存功能。

第九章　反编译工具

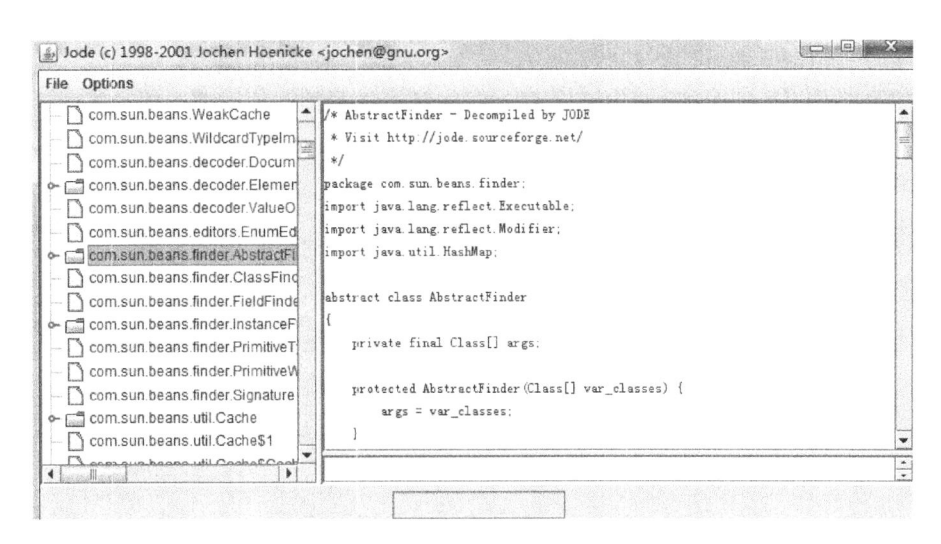

图 9-16　JODE 反编译操作界面

以上两种 JAVA 反编译工具反编译后的代码都会附加一些反编译的注释信息。这些注释是反编译工具生成的，而不是原始源代码中拥有的，在鉴定比对过程中应加以区分。

第四节　Delphi 反编译工具

在 Delphi 软件程序反编译工具中，最为流行的是 DeDe 反编译工具。该工具是由 dafixer 开发的免费、非开源的反编译工具，运行界面如图 9-17 所示。

使用 DeDe 反编译时，首先点击工具栏的 图标，导航到需要反编译的 .exe 文件、.dll 文件，然后点击"开始处理"按钮。反编译结果便会显示在标签页面中。用户可以在"窗体""过程"标签下查看反编译后的窗体代码和过程代码列表，如图 9-18、图 9-19 所示。

115

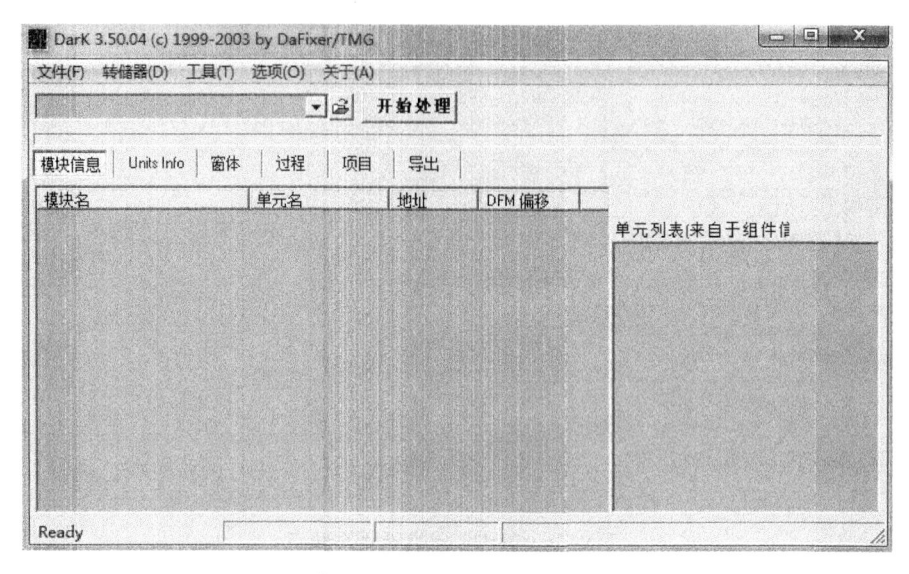

图 9-17 DeDe 运行主界面

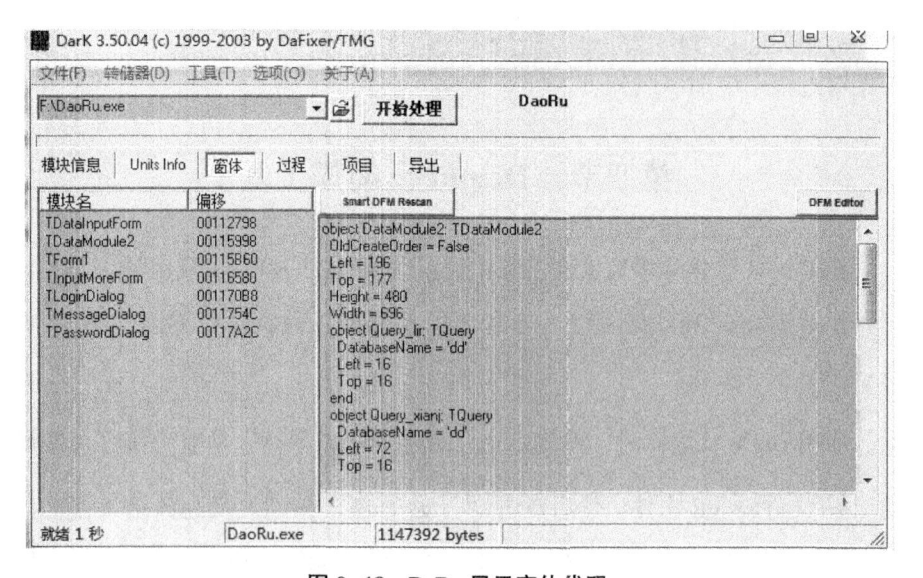

图 9-18 DeDe 显示窗体代码

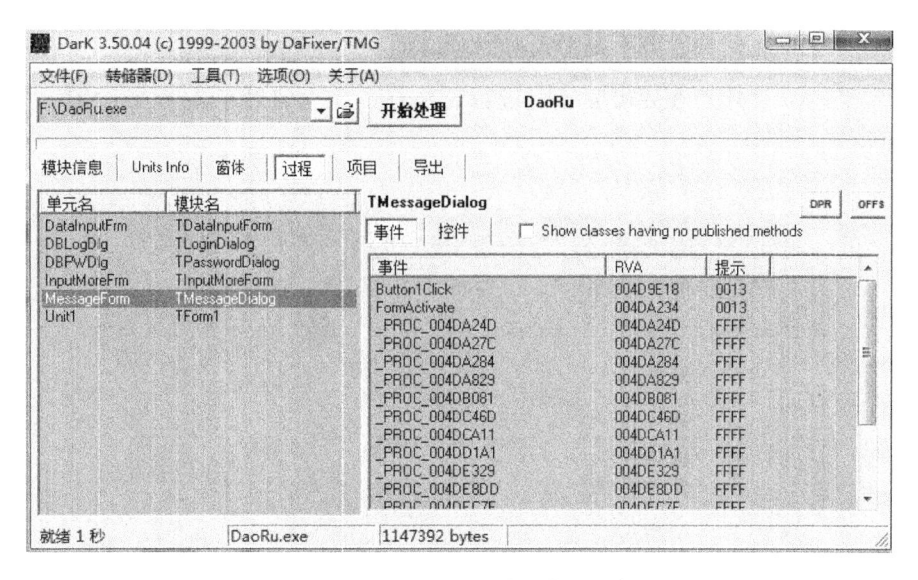

图 9-19 DeDe 显示过程代码列表

双击过程代码列表中过程名，查看每个过程的具体代码内容，如图 9-20。这里的过程名实际上是代码的函数名。

图 9-20 DeDe 显示过程代码

图 9-20 中的窗体代码可阅性较强，和原始源代码差别不大，而过程代码可阅读性较差，与原始的过程代码差别显著。实际上，DeDe 反编译的过

程代码是汇编代码，并不是 Delphi 代码。

进一步，用户在导出标签下进行反编译后的文件代码的导出设置，如图 9-21。

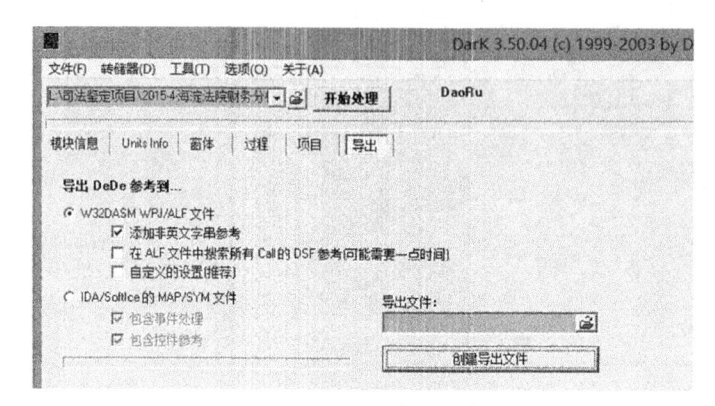

图 9-21　DeDe 导出反编译代码

第十章 代码比对工具

第一节 Beyond Compare 比对工具

一、文件夹比对

Beyond Compare 是由美国 Scooter 软件公司推出的商业化的内容比对工具，它有 30 天的免费试用期[33]。Beyond Compare 可以比对文件目录、二进制文件、文本文件、代码文件及压缩文件等内容。Beyond Compare 是软件知识产权司法鉴定中应用最为广泛的鉴定工具，其运行主界面如图 10-1 所示。

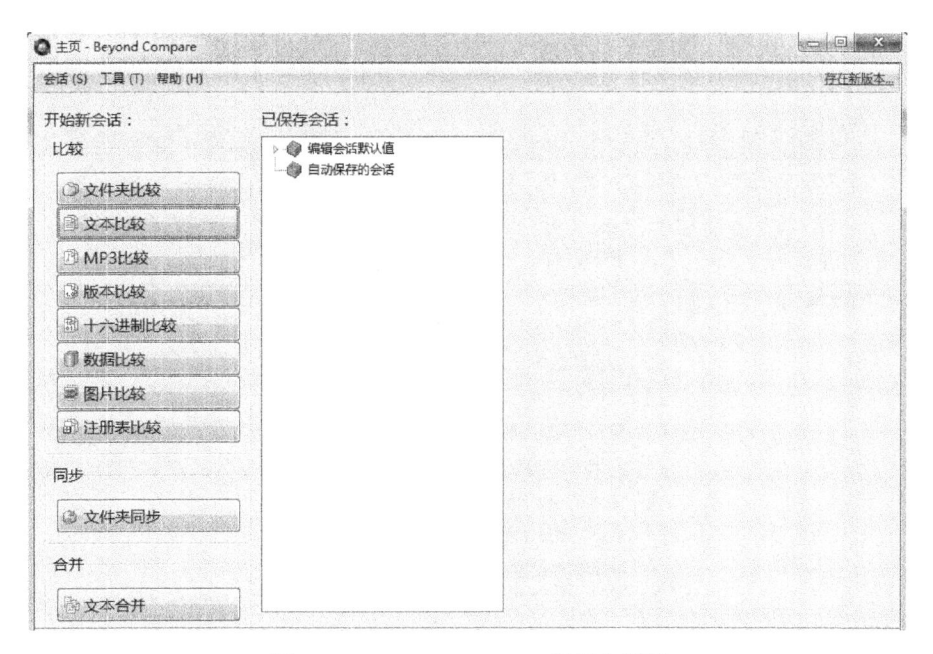

图 10-1 Beyond Compare 运行主界面

进行软件目录文件比对的基本过程如下。

（1）在目录输入栏输入被比对目录。

（2）设置文件夹比对内容，如图10-2所示。根据比对内容，选择"始终显示文件夹""比较文件和文件夹结构""只比较文件""忽略文件夹结构"。

图10-2 Beyond Compare 设置文件夹比对内容

（3）过滤文件夹的文件内容。在过滤器中输入进行比对的文件扩展名，可同时输入多个文件扩展名。

（4）设置显示方式，如图10-3所示。其中，孤立项是指一方存在另一方不存在的内容，差异项是指双方都存在内容，判断依据是文件名称。

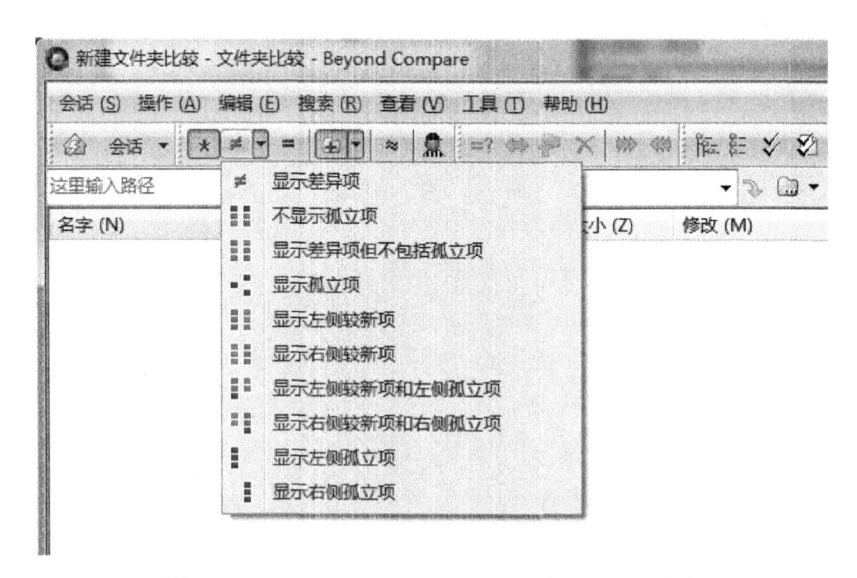

图10-3 Beyond Compare 设置文件夹比对显示方式

第十章 代码比对工具

（5）进行文件比对。选择文件，点击鼠标右键"比对内容"进行文件比对，如图10-4所示；进一步选择比对规则，如图10-5所示。

图 10-4　Beyond Compare 进行文件比对

图 10-5　Beyond Compare 设定比对规则

（6）查看比对信息。点击工具栏"会话→文件夹比较信息"，如图10-6所示；查看文件夹比对结果，如图10-7所示。

121

软件知识产权司法鉴定技术与方法

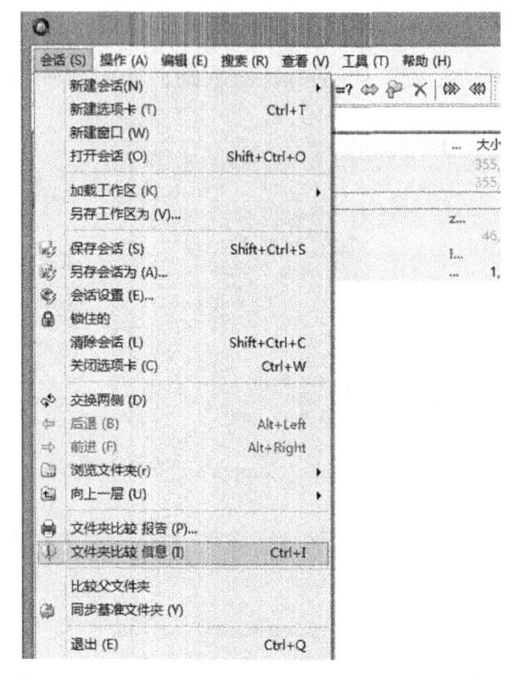

图 10-6　Beyond Compare 查看文件夹比对信息

图 10-7　Beyond Compare 文件夹比对结果

第十章　代码比对工具

（7）生成比对报告。点击工具栏"会话→文件夹比较报告"，如图10-8所示；进一步设定比对报告的格式，如图10-9所示。

图 10-8　Beyond Compare 查看比对报告

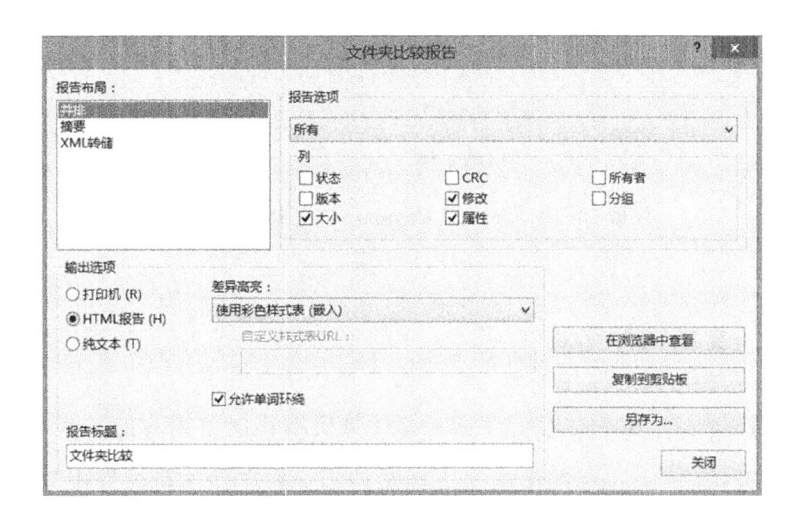

图 10-9　Beyond Compare 设置比对报告格式

123

二、二进制文件比对

对于任何文件，Beyond Compare 都可以对其进行二进制格式比对，即 0、1 格式比对。由于二进制文件不易查看，Beyond Compare 将二进制文件以十六进制的形式显示出来。在文件比对过程中，首先在目录输入栏输入被比对文件，也可以直接将文件拖拽到软件操作界面，如图 10-10 所示。相同的字节以黑色显示，差异字节以红色显示。然后，直接查看文件的比对信息和比对报告，查看方式与文件夹比对的操作相同。二进制文件的比对形式一般用于软件目标代码的比对。

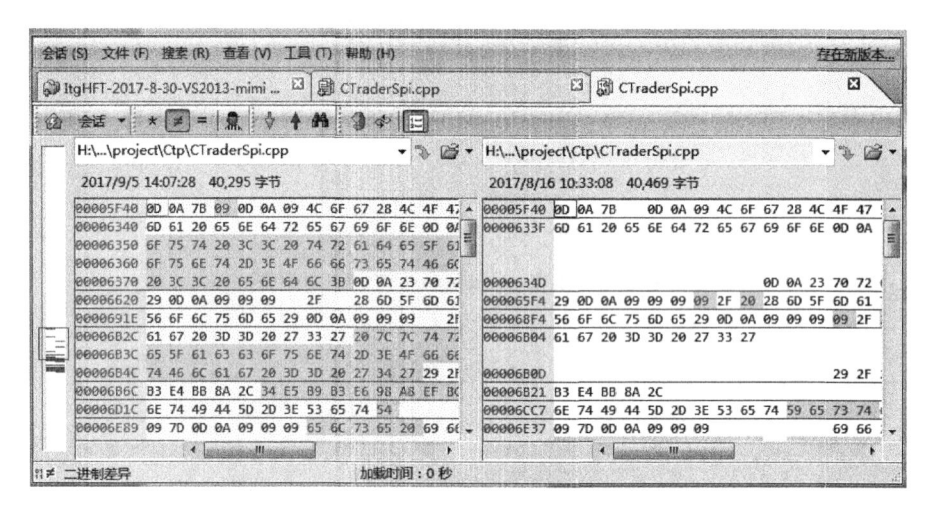

图 10-10　Beyond Compare 二进制文件比对

三、文本文件比对

对于采用 C、C++、C#、JAVA 等计算机编程语言编写的源代码文件，可采用 Beyond Compare 的文本文件比对功能。在文件比对过程中，首先在目录输入栏输入被比对的文件，也可以直接将文件拖拽到软件操作界面，

第十章　代码比对工具

如图 10-11 所示。相同代码用黑色表示，差异代码用红色表示。然后，直接查看文件的比对信息和比对报告，查看方式与文件夹比对的操作相同。如图10-12所示为文本文件比对结果的基本形式，在判断代码相似性时，一般应依据相同行占双方代码行的比例。这种比对方式对于那些仅仅进行机械的代码复制粘贴的侵权行为来说，进行代码同一性比对的效率非常高。

图 10-11　Beyond Compare 文本文件比对

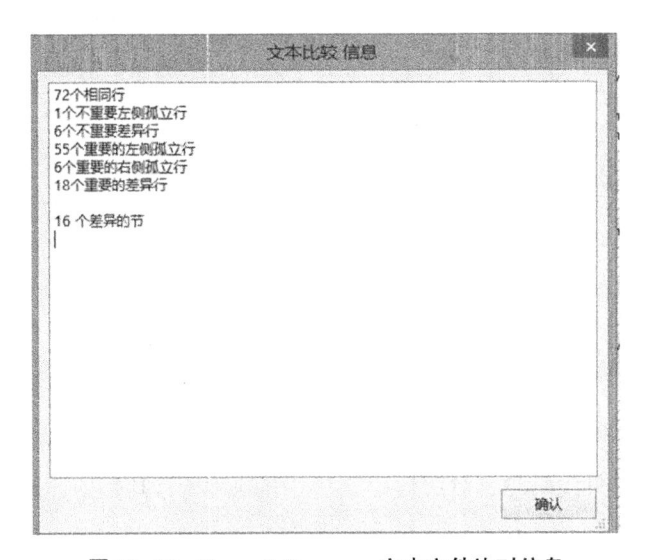

图 10-12　Beyond Compare 文本文件比对信息

125

需要特别注意的是，Beyond Compare 比对采用完全机械性的顺序比对方式。也就是说，如果代码的位置、顺序调整较大，那么 Beyond Compare 并不能很好地识别出相同代码行。针对源代码同一性的鉴定，应结合人工阅读的方式进行相同代码行的综合判断。

第二节　WinMerge 比对工具

WinMerge 是一款开源、免费的内容比对工具，与 Beyond Compare 相类似，该工具也可以进行文件夹和文件的比对[34]。由于其开源、免费的特性，使其在司法鉴定中的应用也较为普遍。软件运行主界面如图 10-13 所示。

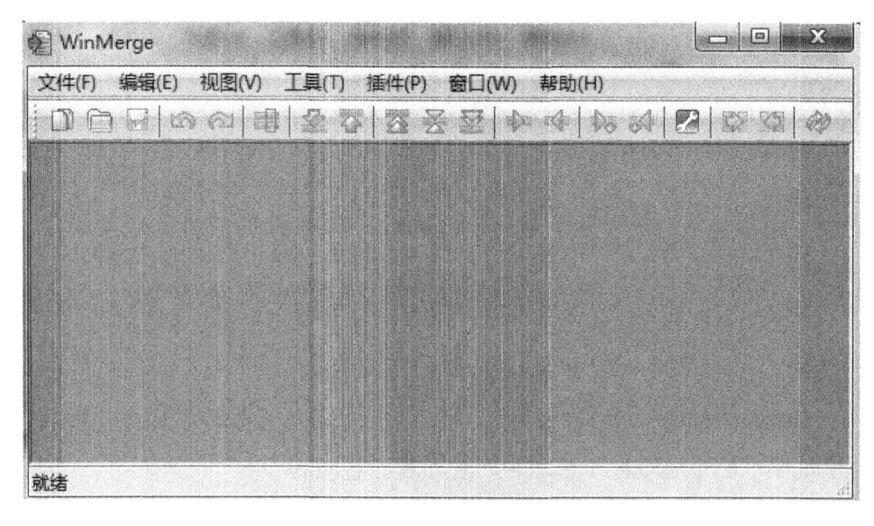

图 10-13　WinMerge 运行主界面

与 Beyond Compare 相比，WinMerge 提供了更为强大的内容过滤功能，图 10-14、图 10-15 分别为提供的文件过滤器和行过滤器。行过滤器的主要用途是，在比对源代码时，对源代码文件中的非代码内容进行过滤，如注释、版权声明等。但行过滤需要编写正则表达式，需要对正则表达式较为熟悉。

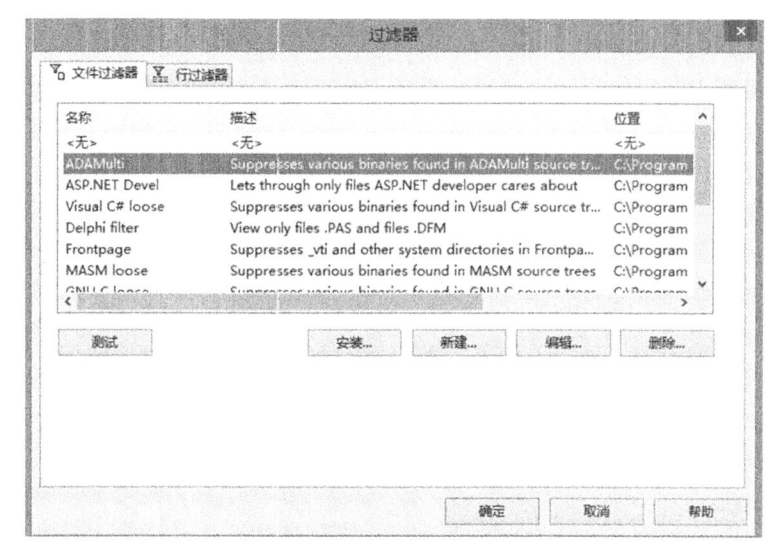

图 10-14　WinMerge 文件过滤器

图 10-15　WinMerge 行过滤器

第三节　Software Forensic Toolkit 比对工具

SoftWare Forensic Toolkit 是笔者结合软件知识产权司法鉴定实践设计开发的一款代码比对工具，是一款商业的代码比对工具，运行主页面如图 10-16 所示。该工具的主要功能包括源代码的规范化处理、代码行数计

127

软件知识产权司法鉴定技术与方法

算、疑似代码的对应关系查找、代码文件拆分、比对结果统计、比对报告自动生成等功能。

图 10-16 Software Forensic Toolkit 运行主界面

第十一章　网络抓包工具

网络抓包工具的主要用途是跟踪计算机在网络中的通信对象、通信行为，也是软件知识产权司法鉴定中应用比较多的工具。

第一节　Fiddler

Fiddler 是由保加利亚 Telerik 软件公司设计开发的一款免费的网络抓包工具[35]。软件启动后的运行界面如图 11-1 所示，软件窗口大体可以分为六大部分：菜单栏、工具栏、会话列表、命令行工具栏、Http Request 显示栏、Http Response 显示栏。该软件功能丰富、使用简单，在司法鉴定中经常用来跟踪某一软件系统与网络中某个服务器进行信息交互的内容。

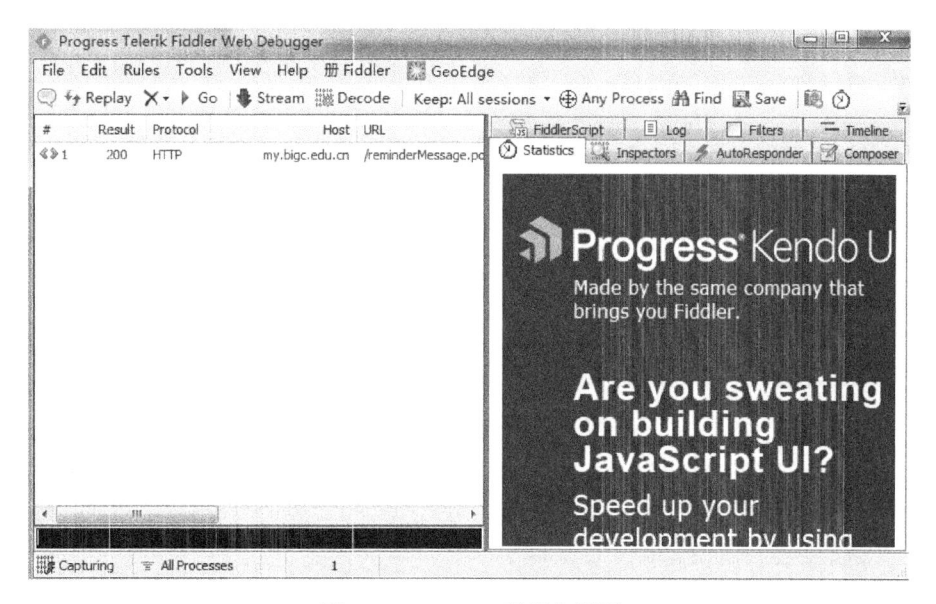

图 11-1　Fiddler 运行主界面

软件页面左侧显示客户端与服务器端进行信息交互的服务器地址、主机名称、信息交互的协议方式；页面右侧显示信息交互的内容，鉴定中根据需求切换信息内容标签。

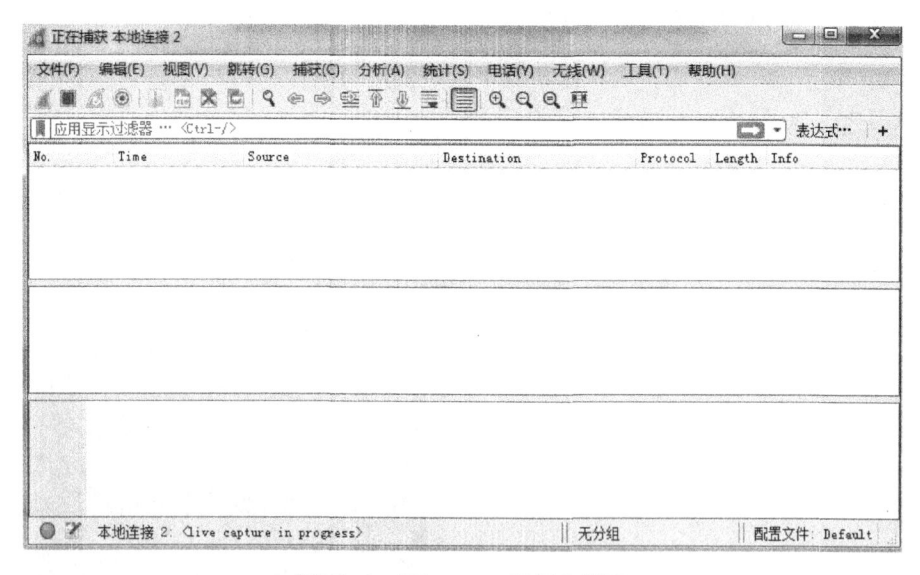

第二节　Wireshark

Wireshark[36]是一款开源、免费的网络抓包工具，最初由 Gerald Combs 开发，目前由 Wireshark team 进行进一步的开发和维护。软件启动后的运行界面如图 11-2 所示。与 Fidder 相比，Wireshark 的操作要复杂一些，但实现的功能较 Fidder 也更为丰富。

图 11-2　Wireshark 运行主界面

鉴定案例篇[1]

---

[1] 本章所列举的司法鉴定案例均来自互联网,案例仅做参考和学术探讨,不应作为开展司法鉴定业务的依据。

第十二章 软件产品同一性鉴定三例

第一节 Snap-on 四轮定位操控软件著作权侵权案

基本案情

2011年6月至2012年7月,被告秦某、潘某、刘某三人共谋,向他人购得盗版 Snap-on 四轮定位操控软件,进行修改和复制,应用于某公司生产的电脑四轮定位仪中,该公司通过自己销售和代理公司销售的方式将电脑四轮定位软件销售给客户,受到公诉机关指控。

司法鉴定

本案是2014年江苏省高院十大知识产权案例[1]。在法院的判决中提到"由于计算机软件的表达涉及源代码、目标代码、编写语言等专业领域的知识,并不如文学、艺术等其他作品那样容易通过感官直接感受,对于被控侵权软件是否与权利人软件构成实质性相同或相似,往往需要借助鉴定手段。"该案中被告在没有源代码的情况下,通过技术手段对原告目标代码进行修改,实现软件的复制。该案鉴定属于典型的软件产品同一性鉴定,最终判决是基于对软件目标代码、运行界面、功能架构的比对来完成的。

法院判决

经过法院审理后,Snap-on 操控软件的修改复制人秦某、潘某、刘某,

---

[1] 江苏高院2014年度知识产权司法保护蓝皮书[EB/OL].(2015-04-21)[2017-12-01].http:// js-news2.jschina.com.cn/system/2015/04/21/024442180_08.shtml.

电脑四轮定位仪的生产企业，电脑四轮定位仪代理销售公司侵犯著作权罪成立。对秦某、潘某、刘某处以罚款外，还判处了三年的有期徒刑。

第二节 擎天出口货物退（免）税软件著作权侵权案

基本案情

《出口货物退（免）税管理系统软件V3.0》著作权系南京某公司，该公司进行了计算机软件著作权登记。2012年3月，软件升级版本《擎天出口货物退（免）税管理系统软件V5.2.7版》在全省范围推广应用。

被告无锡某公司系被告人孙某与杨某于2009年9月出资注册成立的，主要从事出口企业税务类软件的研发、销售与服务。2010年10月，被告人孙某以招投标形式联系到罗某，要求其开发出一款能将电子表格数据批量导入的软件。罗某根据孙某对软件的功能性要求以及孙某提供的擎天公司出口退免税软件，使用反编译工具破解了该软件。通过对破解软件的部分代码修改，形成了《数据迁移程序（生产版）》及《数据迁移程序（外贸版）》。2012年，罗某又根据被告人孙某的要求针对擎天公司软件功能的升级版对《数据迁移程序（生产版）》及《数据迁移程序（外贸版）》进行相应的功能升级，更名为《生产退税辅助软件》及《退税辅助软件（外贸）》，向无锡某空调有限公司销售上述软件。

司法鉴定

本案是2014年南京中院十大知识产权案例[1]。该案件是典型的软件产品同一性鉴定。双方软件基于C#语言编写，没有进行加密混淆技术处理，

---

[1] 江苏十大知识产权案例[EB/OL].(2015-04-21)[2017-12-01].http://www.66law.cn/domainblog/99127.aspx.

通过反编译可以直接获取源代码。因此，通过反编译后的代码比对，得出双方软件具有同一性的鉴定意见。经作者所在执业机构工业和信息化部软件与集成电路促进中心知识产权司法鉴定所鉴定，《擎天出口退（免）税软件 V5.2.7 版》与罗某电脑中提取的《生产退税辅助软件》相应部分实质相同和《退税辅助软件（外贸）》实质相同，与销售的《生产退税辅助软件 20120903》实质相同，具有同一性。

法院判决

经法院审理后，被告无锡某公司侵犯著作权罪成了，判处罚金。被告人孙某除罚金处罚外，还判处了一年的有期徒刑。

第三节 机床单片机控制软件著作权侵权案

基本案情

《S 型线切割机床单片机控制器系统软件 V1.0》著作权系石某，石某发现泰州某公司未经许可，长期大量复制、发行、销售与其《S 型线切割机床单片机控制器系统软件 V1.0》相同的软件，侵犯其软件著作权。被告公司称其 HR-Z 型线切割机床控制器所采用的系统软件系其独立开发完成，与石某 S 型线切割机床单片机控制系统无相同可能，其公司产品与石某生产的 S 型线切割机床单片机控制器的硬件及键盘布局也完全不同。

司法鉴定

该案是 2015 年最高人民法院发布的 49 号指导案例[1]。该案也是典型的

---

[1] 最高人民法院指导案例 49 号［EB/OL］.（2015-04-21）［2017-12-01］. http://www.chinacourt.org/article/detail/2015/04/21/1602391.shtml.

软件产品同一性鉴定，但由于被告的目标代码不容易获取，很难从目标代码进行同一性鉴定。法院判决的依据是双方软件运行的缺陷错误。该案对于没有目标代码情况下，进行软件产品同一性鉴定提供了鉴定思路。

一审中，法院委托鉴定机构对下列事项进行比对鉴定：①石某提供的软件源程序与其在国家版权局版权登记备案的软件源程序是否具有同一性；②公证保全的被告 HR-Z 型控制器系统软件与石某获得版权登记的软件源程序代码是否相似或者相同。鉴定机构出具鉴定报告，因被告的软件固化在带有加密系统的芯片中，无法解决芯片解密问题，根据现有鉴定材料难以作出客观、科学的鉴定结论。

二审中，法院根据原告石某的申请，就石某软件与被控侵权软件是否具有相同的软件缺陷及运行特征进行鉴定。鉴定二者存在两处独特的、相同的缺陷。同时，双方软件的使用说明书基本相同，对控制器功能的描述及技术指标基本相同；两者对使用操作的说明基本相同；两者在段落编排方式和多数语句的使用上基本相同。

法院判决

经法院审理后，由于被告公司始终拒绝提供被控侵权软件的源程序以供比对，判处其侵犯著作权罪成立。

判决要点

在被告拒绝提供被控侵权软件的源程序或者目标程序，且由于技术上的限制，无法从被控侵权产品中直接读出目标程序的情形下，如果原、被告软件在设计缺陷方面基本相同，而被告又无正当理由拒绝提供其软件源程序或者目标程序以供直接比对，则考虑到原告的客观举证难度，可以判定原、被告计算机软件构成实质性相同，由被告承担侵权责任。

第十三章 软件源代码非公知性/同一性鉴定三例

第一节 迈瑞心电监护仪嵌入式软件商业秘密案

基本案情

迈瑞心电监护仪嵌入式软件著作权系深圳某公司,该公司发现深圳另一公司销售的心电监护仪设备使用了其软件源程序,侵犯其心电监护仪嵌入式软件商业秘密。经鉴定,截止到2011年5月5日,原告监护仪心电算法的10个源代码文件,30个函数源代码于2009年7月27日被程序员开发网公开,23个函数源代码没有被公开,监护仪心电算法整体源代码属于非公知技术信息。同时,被告公司的M8/M8A/M8B/M9/M9A/M9B/M50/M80机器目标代码所对应的反汇编代码中存在与原告心电算法目标代码所对应的反汇编代码相同或实质相同的代码段,被告的8款监护仪产品中使用了原告的心电算法[1]。

司法鉴定

该案涉及软件源代码非公知性、同一性鉴定,目标代码同一性鉴定,源代码与目标代码的同一性鉴定。其中源代码的非公知性鉴定具有典型意义:一方面,原告公司主张的具有非公知性的源代码是其监护仪的核心源代码,而非全部源代码;另一方面,通过鉴定发现核心源代码中的部分代

---

[1] 广东省高级人民法院(2014)粤高法民三终字第831号[EB/OL].(2017-03-30)[2017-12-01]. http://wenshu.court.gov.cn/content/content? DocID=ac170488-474c-4ee9-b93d-a74600b92fd4& KeyWord=%E5%BF%83%E7%94%B5%E7%9B%91%E6%8A%A4%E4%BB%AA.

码可以在网络中检索得到，即源代码部分公开。该案的鉴定结论分别从源代码局部和整体两个角度进行。针对各个部分的源代码分别给出非公知性的鉴定意见。同时，考虑到代码的整体逻辑调用关系，各部分代码的选取和组合蕴含创造性劳动，并非简单罗列、堆砌而形成，给出整体源代码的非公知性意见。

法院判决

经一审法院审理后，判决被告侵犯著作权罪成立，被告提起上诉，截止到作者撰写本书时止，该案件二审尚未下达判决书。

第二节　迪思杰数据容灾软件商业秘密案

基本案情

迪思杰数据容灾软件 Realsync 著作权系北京某公司，该公司取得了计算机软件著作权登记证书。2003 年 11 月，成某受雇于原告公司，负责 Realsync 软件的维护和升级工作，双方签订了《保密协议》。后成某工作时间内利用原告公司的技术和设备，完成了 Realsync 的升级，命名为 DDS。成某在原告公司任职期间，即开始通过天津某公司对外销售 DDS 软件。2008 年 7 月，成某妻子杨某及天津某公司销售工程师李某合资成立新公司，成某作为新公司的股东及员工，向其提供 DDS 软件进行销售。

经鉴定，双反软件在 Rowid 抽取相关技术、内部数据格式技术、Rowid 压缩算法、文件直接路径加载技术、OCI 接口相关技术、IPC 接口相关技术、过滤相关技术，以及数据库首次同步技术等相关技术文件部分代码段存在相同或实质相同。

司法鉴定

本案是北京市 2012 年度全国知识产权保护重大事件提名案例之一。[1] 该案涉及目标代码同一性鉴定、软件源代码的非公知性和同一性鉴定，鉴定分别由多家鉴定机构完成。作为本案最为关键的鉴定事项是软件源代码的非公知性鉴定。即原告主张的"Rowid 抽取相关技术、内部数据格式技术、Rowid 压缩算法、文件直接路径加载技术、OCI 接口相关技术、IPC 接口相关技术、过滤相关技术以及数据库首次同步技术"等关键技术的源代码具有非公知性。其鉴定方案采用了本书第二部分"作为特征算法或核心（专有）技术的源代码非公知性鉴定"一节中的鉴定方案。

法院判决

经法院审理后，成某 DDS 软件与原告 Realsync 软件在架构、程序流程、特定含义的标识符和注释、实现关键技术的文件、程序及代码上存在相同、实质相同或相似之处，相关技术及源代码属于原告公司的商业秘密。结合证人证言及书证材料等证据，判决成某侵犯商业秘密罪成了。

第三节 乌龙学苑英语教学软件著作权案

基本案情

英语学习软件乌龙学苑的著作权系上海某公司，被告汪某系该公司员工，后与他人成立公司，并招揽原公司多名员工工作。被告公司在未经授

---

[1] 北京市第一中级人民法院(2014)一中民(知)终字第 07833 号[EB/OL].(2014-12-05)[2017-12-01]. http://wenshu.court.gov.cn/content/content? DocID = c152cb46 - 6125 - 4ca2 - bb6a - f13770 f11237.

权许可的情况下,组织人员复制原告公司开发的《乌龙学苑3.0版》软件,制成《家育星》英语学习软件,进行销售。经鉴定,《乌龙学苑3.0版》与《家育星》软件在各自服务器端程序及客户端程序上均存在实质性相似。

司法鉴定

该案是2015年最高检察院发布的检察机关保护知识产权十大典型案例之一。[1] 涉及计算机软件,专业性、技术性很强,电子证据繁多复杂,查证取证难度较大。同时,犯罪分子均具有较高的学历、较好的计算机专业背景,通过在侵权软件中夹杂一些重新开发的程序来掩盖侵权事实,作案手段隐蔽。检察机关为准确认定案件事实,指导鉴定机构搭建比对环境,通过确认软件的核心程序,从实质相似的角度认定了犯罪事实。

法院判决

经过法院审理后,汪某等8人侵犯著作权罪成了,汪某、万某、娄某三人除罚金处罚外,还判处了半年至三年的有期徒刑。

---

[1] 2015年检察机关保护知识产权十大典型案例[EB/OL].(2016-05-05)[2017-12-01].http://www.spp.gov.cn/xwfbh/wsfbt/20160505/t20160505_117267_1.shtml.

第十四章　游戏软件产品同一性鉴定三例

第一节　《王者之剑》游戏软件著作权侵权案

基本案情

《王者之剑》是北京某公司开发和运营的一款手机游戏。被告于某曾在该公司就职并参与了《王者之剑》的研发。2012年10月于某辞职后，到某被告公司供职，负责游戏开发。原告发现被告公司的手机游戏《巨龙之怒》（又名《斗龙传》）复制、修改了其《王者之剑》软件及源代码，并将修改后的源代码生成目标代码作为客户端程序进行公开的网络传播。经鉴定，两款游戏软件的目标代码绝大部分的变量名称、函数名称和类名称都相同，相似度高达90%，《巨龙之怒》的执行程序中内含多处属于《王者之剑》的隐藏文件、代码、APPKEY及拼写错误等。

司法鉴定

该案是北京市第二中级人民法院2013年审理的关于游戏软件著作权纠纷案件。[1] 涉案游戏软件技术复杂，代码规模较大，在行业内也颇具影响力。该案涉及游戏软件源代码，审理依赖于司法鉴定，属于典型的软件源代码同一性鉴定。其鉴定采用了本书第二部分"软件源代码同一性鉴定"一节的技术和方法。

该案的鉴定中，对于鉴定报告的质证主要集中在三个方面，一是代码

---

[1] 北京市第二中级人民法院（2013）二中民初字第9903号[EB/OL].(2015-01-04)[2017-12-01]. http://wenshu.court.gov.cn/content/content?DocID=32fe7911-5ef0-4519-87e6-4445722 3bad4.

的形成时间。被告公司认为原告公司未举证证明其向鉴定机构和人民法院提交的软件源代码的形成时间，不能证明其主张权利的软件形成时间早于 2012 年 10 月 18 日，也不能证明其形成时间早于被告公司的软件。二是代码比对过程中是否排除了开源的和第三方的源代码。三是代码比对过程是否排除了软件思想、处理过程、操作方法、数学概念、表达方式有限部分的源代码。关于代码生成时间问题在本书问题对策篇的"与鉴定相关的时间问题"一节阐述了鉴定文件时间的方法。其余两个问题在本书鉴定技术篇的"源代码同一性鉴定"一节均有对应的鉴定措施。

法院判决

经法院审理后，两公司计算机软件部分源程序存在对应关系，被告公司未能就其源程序缘何与原告公司的源程序存在大量相同之处给出合理解释，结合于某等原告公司软件技术人员接触过《王者之剑》软件代码认定被告侵犯软件著作权罪成了。

第二节 《天涯明月刀》游戏软件著作权侵权案

基本案情

2015 年 6 月，被告骆某制作编写《天涯明月刀》游戏的辅助程序，俗称"外挂"，被告邹某负责销售该游戏辅助程序。被告骆某将辅助程序使用所需"卡密"以每张 16~17 元的价格销售给邹某，邹某再以每张 20~25 元的价格销售给下级代理。《天涯明月刀》游戏的运营方起诉骆某、邹某侵犯软件著作权。

司法鉴定

该案是2015年四川法院知识产权司法保护十大典型案例之一。[1] 该案也是典型的游戏外挂方式对软件产品进行的侵权。案件的审理依赖于司法鉴定，通过鉴定发现：被告人骆某编写的《天涯明月刀》游戏的"内部"软件源代码具有通过向游戏客户端程序目录写入文件、向游戏进程注入代码、调用修改游戏内存数据的方式，实现自动抢悬赏、抢暗杀的功能，而该款游戏本身不具备上述功能。

法院判决

经法院审理后，被告人邹某、骆某未经著作权所有人许可，私自制作销售游戏辅助程序以及辅助程序充值卡（卡密）谋取利益情节严重的行为构成侵犯著作权罪。

判决要点

网络游戏产业本身是一个新兴产业，相继而生的外挂行为如何定性在法律事务界尚处于摸索之中。网游外挂经营者充分利用了互联网的隐蔽性、快捷性以及行政管辖的有限性，已将外挂发展成一项产业，严重制约了网络游戏产业的健康发展。2011年9月，最高人民法院、最高人民检察院联合颁布并实施了《关于办理危害计算机信息系统安全刑事案件应用法律若干问题的解释》，该解释对于破坏计算机信息系统的犯罪后果有了明确的量化指标，而使打击外挂犯罪的难度大大降低。然而从另外一个角度思考，外挂制作经营者在开发、经营中虽然无须复制网络游戏客户端软件，只是

---

[1] 2015年四川法院知识产权司法保护十大典型案例［EB/OL］.（2016-05-03）［2017-12-01］. http://www.chinaiprlaw.cn/index.php?id=4022.

"调用"其中很少几个涉及数据修改的应用程序，不属于传统意义上对计算机软件的复制、发行，但考虑到网络游戏本身具有著作权，而外挂在"调用"的过程中确实侵犯了著作权人的合法权益，因此，将网游外挂行为定性为侵犯著作权罪，不但可以打击违法行为，切实保护权利人合法权益，而且为技术创新和文化繁荣提供了有力保障。

第三节 《我叫MT》游戏软件著作权侵权案

基本案情

移动终端游戏《我叫MT 2》著作权系北京某公司，该公司称对游戏名称、人物名称享有独占被许可使用权，对人物形象享有美术作品的著作权。被告北京某公司在其开发的《超级MT》游戏中使用与《我叫MT》相近的名称和人物，在游戏的宣传过程中，使用与《我叫MT》游戏相关的宣传用语，侵犯了原告公司的著作权。

司法鉴定

该案是北京知识产权法院2015年审理的典型案件之一。[1] 涉及游戏软件产品侵权。该案不涉及软件的程序代码，也非简单的私服和外挂侵权，重点在于游戏资源文件，特别是游戏人物名称、形象的相似性。审判机关通过直观的查看、体验即可分辨，因此，无须采用司法鉴定。

法院判决

经法院审理后，由于原告的游戏名称和游戏人物名称不构成作品，且

---

[1] 北京知识产权法院民事判决书(2014)京知民初字第1号[EB/OL].(2015-10-12)[2017-12-01]. http://wenshu.court.gov.cn/content/content? DocID = 18b8aaaa - c4b2 - 4fd9 - 8be1 - 2b0f4ff2a5a8.

被诉游戏亦未使用原告公司在其改编作品中的独创性表达，故被告公司的行为未侵犯原告公司的著作权；原告公司的游戏名称及人物名称构成手机游戏类服务上的特有名称，被告公司在主观明知的情况下提供被诉游戏的下载及宣传，构成擅自使用原告知名服务特有名称的行为，且宣传的内容并非客观事实，构成虚假宣传行为。

判决要点

该案是一起涉及移动终端游戏的著作权侵权及不正当竞争纠纷。该案对移动终端游戏著作权权属证明责任的分配、游戏名称及人物名称等简短词组能否构成文字作品、改编作品的著作权保护、存在瑕疵的公证书效力的认定、移动终端游戏名称是否能够构成知名商品特有名称、虚假宣传行为的认定等诸多法律问题，均作了详尽、细致的分析阐述，对于同类案件的审理具有重要的参考意义。

第十五章　信息网络传播鉴定二例

第一节　应用商店 APP 著作权侵权案

基本案情

《李可乐抗拆记》由甘肃人民美术出版社出版。该书作者发现某应用商店可以搜索到提供了该书内容的应用程序———一款手机 APP 软件。该书作者指控应用商店运营公司未经其许可,自行上传或与开发者通过分工合作等方式,将作者享有著作权的涉案作品上传到应用商店中,并通过该商店向社会公众提供下载阅读,获取经济利益,该公司的上述行为侵害了涉案作品的信息网络传播权。该案是作家维权联盟因应用程序商店提供涉嫌侵犯其著作权的应用程序而向应用商店运营公司提起的系列维权诉讼之一。

司法鉴定

该案是 2014 年度北京市高等法院知识产权司法保护十大典型案例之一[1],涉及网络信息传播,其争议焦点之一———信息传播的源头是应用商店运营公司还是 APP 软件开发者———是案件审判的关键。尽管该案判决文书中没有明确提到司法鉴定事宜,但在整个作家联盟诉讼过程中,个别案件仍然采用了司法鉴定技术辅助法官发现侵权信息真实源头。鉴定采用本书第三部分介绍的网络抓包工具进行信息源的监测,确定真实的侵权信息来

---

[1] 2014 年度北京法院知识产权十大案例[EB/OL].(2015-04-15)[2017-12-01].http://www.chinaiprlaw.cn/index.php? id=1321.

源。在当前互联网产业飞速发展、各种新的网络平台经营模式不断出现的情况下，本案的审理对如何界定平台服务商的行为性质、责任，具有一定借鉴和指导意义。

法院判决

经法院审理后，应用商店运营公司为应用程序商店的经营者，为平台服务商，所经营的应用程序商店，是为开发者上传涉案应用程序供公众下载提供服务，属于网络服务提供行为。应用程序商店是一个以收费下载为主的网络服务平台，因此应用商店运营公司应对开发商的侵权行为负有较高的注意义务。涉案应用程序系第三方开发商上传，使用了涉案作品的主要内容。应用商店运营公司在可以明显感知涉案应用程序为应用程序开发商未经许可提供的情况下，仍未采取合理措施，其并未尽到注意义务，具有主观过错。应用商店提供涉案侵权应用程序，供网络用户付费后下载，构成了对涉案作品信息网络传播权的侵害。法院判决应用商店运营公司赔偿作者经济损失及因诉讼支出的合理费用。

判决理由

本案是作家维权联盟因应用程序商店上提供涉嫌侵犯其著作权的应用程序而向应用商店运营公司提起的系列维权诉讼之一。因涉及全球著名手机生产厂家和应用商店运营公司，且案件的审理结果直接影响应用商店的经营模式而备受关注。特别是，由于系列案件的诉讼跨越《最高人民法院关于审理侵害信息网络传播权民事纠纷案件适用法律若干问题的规定》司法解释颁布施行前后，因此，如何认定应用商店运营公司涉案行为的性质以及法律责任都给法院带来挑战。最终，法院认定应用商店运营公司是应用程序商店的经营者，应用程序商店是一个以收费下载为主的网络服务平台，并且在与开发商的协议中，约定了固定比例的直接收益，因此应用商店运营公司应对开发商的侵权行为负有较高的注意义务。应用商店运营公司在可以明显感知涉案应用程序为未经许可提供的情况下，仍未采取合理措施，未尽到注意义务，具有主观过错，其行为构成侵权。

第二节　搜索引擎网络文学作品著作权侵权案

基本案情

原告上海玄霆娱乐信息科技有限公司是国内原创文学门户网站"起点中文网"的运营商，取得《完美世界》《莽荒纪》《大主宰》等13部小说的信息网络传播权后，在"起点中文网"上进行登载。被告广州某信息技术有限公司为"神马搜索"（域名为sm.cn）的运营商，被告广州某计算机技术有限公司为UC浏览器（域名为uc.cn）的运营商。"sm.cn"和"uc.cn"两个域名的网站负责人均为陈某。

原告认为被告广州某计算机技术有限公司将涉案作品上传到服务器，通过神马搜索"使得公众能够在个人选定的时间和地点阅读存储在本地空间中的涉案作品，两被告公司以分工合作的方式共同实施了作品提供行为。"神马搜索"除了具备查找和定位功能外，还是内容聚合平台，其在小说平台上对小说进行排名并推荐给用户，用户在阅读和下载中不会注意到原网站。该行为系对作品的复制和编辑，需要在服务器上进行。

被告广州某计算机技术有限公司认为其仅提供搜索、链接及网页实时转码服务，没有实施著作权法意义上的提供行为。数据交互是在用户和被链网站进行的，转码后的页面不是复制页，仍然是原来的网页。涉案作品未存储在其服务器中，不构成侵权。

第十五章　信息网络传播鉴定二例

司法鉴定

该案是典型的搜索引擎涉及内容侵权案例，涉及网络信息传播，[1] 其争议焦点之一——搜索引擎服务器是否存储了被侵权内容，并向搜索用户提供了被侵权内容；还是仅提供了指向被侵权内容的网络链接地址。该案采用了上一节"应用商店 APP 著作权侵权案"类似的信息网络传播鉴定技术，对用户的搜索行为，以及搜索引擎的链接行为进行跟踪，并结合搜索引擎后台代码进行技术分析。但该案鉴定中由于涉及被侵权内容较多，鉴定仅对其中个别被侵权内容进行了鉴定，鉴定结果不具有代表性；同时，其服务器搜索代码是否为侵权行为发生时的代码；侵权行为发生后，搜索引擎服务器端是否更改了链接行，无法进行有效的分析，鉴定意见并未得到法院采纳。

法院判决

经法院审理后认为，被告公司的行为使公众可以在自己选定的时间和地点通过信息网络在"神马搜索"上直接获取涉案作品。被告通过"神马搜索"主动向公众提供涉案作品的阅读及下载服务，该行为构成通过信息网络向用户提供作品的行为。

判决理由

法院对被告的侵权行为进行分析认为，被告编辑、整理了涉案小说的简介、章节目录，作品各章节的内容亦由其从不同网站获得后直接提供给

---

[1] 上海知识产权法院民事判决书(2016)沪 73 民终 146 号[EB/OL].(2017-03-27)[2017-12-01]. http://wenshu.court.gov.cn/content/content? DocID = c2357832 - 572d - 47c9 - 95f2 - a74300af1883.

用户。根据现有证据，难以判断被告向第三方调取数据后是否存储在自己的服务器上；亦不能排除涉案作品的部分章节存储在其服务器上而部分章节仍直接从第三方调取的可能。如果仅从涉案作品是否存储在神马公司的服务器上这一技术角度来判断其行为是否构成网络提供行为并仅仅因为无法判定涉案作品是否存储在神马公司的服务器上，就认定其不构成作品提供行为，在硬件水平不断提升、云技术不断发展的今天，将很轻易地被服务商规避。因此，被告行为构成侵权。

问题与对策篇

第十六章 软件知识产权司法鉴定中的常见问题

第一节 鉴定资质与鉴定人技能的问题

鉴定机构的鉴定资质是划分业务范畴和技术领域的。司法鉴定工作的开展必须在有资质的鉴定机构进行。知识产权司法鉴定必须在有知识产权司法鉴定资质，同时又符合其技术领域限定的机构进行。然而，在司法鉴定案例中，出具鉴定意见的机构无司法鉴定资质，或者无知识产权司法鉴定资质，或者委托事项的技术领域超出鉴定机构限定的技术领域等现象，也是时有发生的。特别是软件知识产权司法鉴定资质与电子取证资质极易混淆，一些具有电子取证资质的机构从事本应属于知识产权司法鉴定的业务。

对于鉴定人来说，其鉴定资格证书仅仅限定其从事司法鉴定的业务范畴，而不分具体的技术领域。例如，知识产权司法鉴定并没有对每个鉴定人具体的技术领域加以限定。然而，知识产权司法鉴定涉及领域广泛，这就出现了非专业技术领域人员从事软件知识产权司法鉴定业务的情况。在这种情况下，鉴定人的鉴定技能有限，是否能给出公正和客观的鉴定意见是不确定的。

就作者从事知识产权司法鉴定的工作经历来看，关于鉴定机构和鉴定人相关的问题可以总结为以下八点。

（1）鉴定机构无知识产权司法鉴定资质。

（2）委托事项的技术领域超出了鉴定机构的技术领域限制。

（3）出具鉴定意见的鉴定专家没有知识产权司法鉴定资格证书。

（4）鉴定人的职业资格证书过期。

（5）非软件相关领域的人员从事软件知识产权司法鉴定业务，特别是专利代理人参与软件知识产权司法鉴定的情况较为普遍。

（6）鉴定人的专业背景与软件相关，但由于其缺乏开发实践，不能有效地理解软件技术，鉴定意见不合理。

（7）鉴定人没有参与具体的鉴定实施，只听凭鉴定机构的意见，给出鉴定意见。

（8）多个鉴定机构就相同的问题给出截然不同的鉴定意见。

以上关于鉴定资质和鉴定人技能的问题，在软件知识产权司法鉴定中时有发生。特别是针对同一委托事项，不同机构给出完全不同的鉴定意见最为普遍。这也成为鉴定机构之间相互比拼鉴定技能的最直接的体现。从司法鉴定的法律约束和鉴定人的职业道德层面来说，以上问题是应该并有可能避免的。

第二节 与鉴定相关的时间问题

在软件知识产权司法鉴定中，与时间相关的主要问题有非公知性鉴定案件中非公知性的截止时间、各类文件包括代码文件的生成时间、与软件版本相关的时间等。

一、非公知性鉴定的鉴定意见截止时间

在进行非公知性鉴定的案件中，一般会在委托事项中说明判断非公知性的截止日期。因为相同的技术信息在不同的时间阶段其非公知性的结论是不同的，这个时间与案件诉讼直接相关。如果一个技术信息在某个时间点以前是非公知的，在之后由于某种原因，该技术信息丧失了非公知性，那么这个时间节点就成为案件诉讼的关键。因此，在非公知性鉴定意见的表述中，鉴定报告一般会明确指明非公知性的截止时间。

对于非公知性鉴定意见的截止时间，一般遵循以下标准加以确定。

第十六章　软件知识产权司法鉴定中的常见问题

（1）委托事项中有明确的时间限定，鉴定意见表述应与之保持一致，作为非公知性的截止时间。

（2）委托事项中没有明确的时间限定，在鉴定意见表述中，应指明非公知性的时间为委托事项下达的时间。如果没有指明，一般理解为委托下达的时间。

（3）对于从公开销售的设备中提取的软件相关技术信息的非公知性截止时间，以软件公开销售的时间为准。如果不能明确确定公开销售的时间，则以合法获取手段首次获取相关设备的时间为非公知鉴定意见的截止时间，如购买设备的公正时间。

二、文件的生成与修改时间

计算机中的电子文件都有其创建时间、修改时间和最后的访问时间，可以通过文件属性进行查看。例如，图 12-1 为 Windows 操作系统下的文件时间属性。

图 12-1　文件属性中相关时间

文件的生成时间、修改时间对于案件的诉讼有重要的意义。在软件知识产权司法鉴定实践中，不乏对文件生成时间、修改时间进行的鉴定委托。然而，对于文件生成时间、修改时间进行鉴定，并没有有效的手段。这是因为文件的时间记录信息并不是保存在文件内部，而是保存在文件存储的磁盘的某个位置。这个位置与磁盘所使用的文件系统格式相关，如典型Fat32格式、NTFS格式等[37]。无论哪一种时间，都不是直接将时间信息存储在文件内容中。

影响文件时间属性的操作有文件的创建、复制、修改、删除，以及操作系统的系统时间修改。其中，在文件的复制拷贝过程中，文件的生成时间最有可能改变。举例来说，将一个文件上传到互联网中，再下载到本地计算机，那么这个下载到本地计算机的文件的生成时间、修改时间和最后访问时间可能均显示为下载时间，而不是文件原始的创建时间、修改时间和最后的访问时间，然而文件的内容却没有改变。时间虽然不同，但文件的二进制代码保持不变。

另外，文件的时间还可以通过技术手段进行人为地修改。所以，对于文件时间的鉴定并没有确定的、有效的技术手段。在软件知识产权司法鉴定实践中，对于文件时间的鉴定仅仅作为一个参考，同时结合其他时间线索进行辅助说明；如软件源代码注释中标记的时间。因此，与文件的生成时间、修改时间、最后的访问时间相关的鉴定，只可作为司法鉴定的参考意见。

三、操作系统和软件的安装时间

一些司法鉴定案件涉及计算机操作系统，特别是商业化的Windows操作系统，以及一些商业化应用软件的系统安装时间、运行时间和产品标识。通过鉴定系统安装时间、运行时间来辅助确定系统安装者，辅助软件侵权案件审理。对于计算机操作系统的安装时间来说，有多种方法可以确定，下面以Windosw XP系统为例。

第十六章 软件知识产权司法鉴定中的常见问题

方法一：可以使用微软 Windows XP 自带的命令 Systeminfo 命令查看计算机的首次安装时间和产品 ID 号，如图 12-2 所示。

图 12-2 Systeminfo 命令显示图

方法二：查看计算机操作系统 C\\：Windows\\SchedLgU.txt 文件。该文件为系统启动和关闭的操作日志文件，里面记录了计算机所有的启动和关闭时间，如图 12-3 所示。

图 12-3 Windows XP 系统启动和关机日志文件

软件知识产权司法鉴定技术与方法

方法三：通过"计算机管理"→"系统工具"→"事件查看器"→"系统"中的事件（ID 为 6005 和 6006 的事件）查看系统每次开关机时间，如图 12-4 所示。

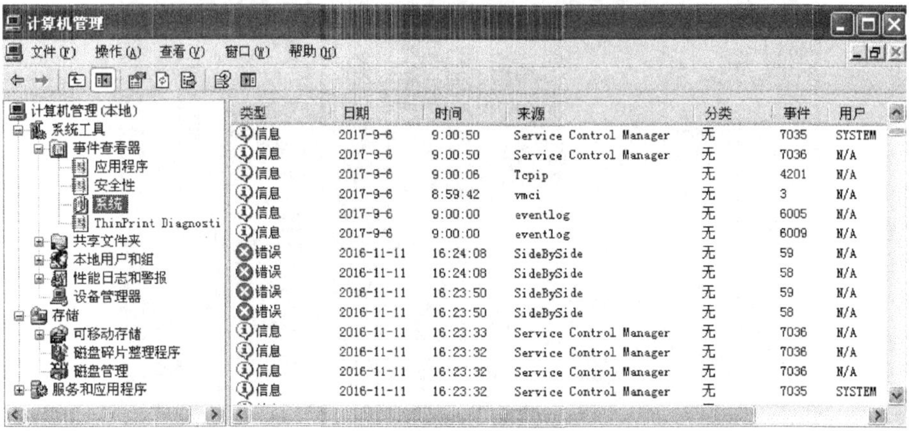

图 12-4　Windows XP 系统时间日志

除了以上方法，还可以通过 Windows 的系统日志进行详细的日志分析，结合计算机内的文件的创建时间、最后修改时间等进行时间鉴定。

对于普通应用软件的安装和运行时间，也可以通过计算机操作系统日志来进行分析确定。以上关于操作系统和应用软件的安装时间、运行时间的鉴定技术和方法，只是在针对计算机操作日志在没有人为修改的条件下进行的。因此，在具体的司法鉴定案件中，应结合具体情况加以分析。

第三节　软件侵权判断的规则问题

尽管软件侵权判定规则不属于司法鉴定的范畴，但是了解审判机关对于软件侵权判定的规则，对案件当事人和鉴定人来说都是大有益处的，可以更直接、高效地开展鉴定委托。

在计算机软件侵权纠纷案件审理中，"实质性相同+接触+排除合理解

第十六章 软件知识产权司法鉴定中的常见问题

释"是普遍适用的侵权判断规则,即在原告、被告的计算机软件相同或实质性相同,且被告在具备接触原告软件条件的情形下,如果被告不能提供合理解释的,则应当认定被告构成侵权,并承担相应的赔偿责任。

本书第二部分的鉴定技术内容都是对软件相同和实质性相同进行的,只是作为侵权的要件之一。另外,"接触"+"排除合理性解释"是侵权认定的规则中另外两个重要的要件。

关于"接触"要件的理解,所谓接触是指被告以前曾有过研究、开发、修改、复制原告软件的机会。一般通过以下两种方式认定:一是直接认定。如被告曾在原告处工作,并代理销售软件产品,有机会接触原告软件。二是间接推定。如原告软件公开发表,且时间早于被告产品,在此情形下,若被告无法提供反证来证明其根本无机会接触原告软件,则一般推定被告存在"接触"的事实。以下引用江苏高院宋健、顾韬的观点[38]。

"接触"是指"有接触的可能",还是指"存在接触的确凿事实"?基于软件易于复制的特点,以及侵权行为一般总会采取隐蔽的方式进行,要求原告提供被告"接触"软件的确凿事实无疑举证难度过大。因此,在一般情况下,原告只需举证证明被告"存在接触的可能"即可。

合理解释的事由一般包括以下情形:①被告能证明软件系其独立开发。②被告软件有其他合法来源。③表达方式有限抗辩。《计算机软件保护条例》第二十九条对此的规定:"软件开发者开发的软件,由于可供选用的表达方式有限而与已经存在的软件相似的,不构成对已经存在的软件著作权的侵犯。"需要注意的是,被告主张表达方式有限抗辩的,应就此承担举证责任。④合理使用抗辩。《计算机软件保护条例》第十七条规定:"为了学习和研究软件内含的设计思想和原理,通过安装、显示、传输或者存储软件等方式使用软件的,可以不经软件著作权人许可,不向其支付报酬。"被告基于此提出的抗辩,一般应当认定成立。需要指出的是,上述规定是《计算机软件保护条例》修订后的条款,该条款对"软件著作权合理使用制

159

度"采取了穷尽式列举,合理使用的范围较之前的规定有所缩小。对此,部分学者持否定态度,认为这将严重妨碍公众对软件的接触,极大地提高软件的使用成本,修改该条款的真正受益者是国外软件巨头。⑤计算机软件反向工程抗辩。反向工程又称还原工程,是软件开发与使用过程中的一种重要方法,其基本思路是通过目标程序获取源程序。反向工程通常有两种基本方式,一种是通过对软件目标程序的分析反推出相应的源程序;另一种是所谓的"黑箱"方法,即不接触程序代码,直接根据程序的功能对其输入输出的结果进行分析,从而推导出软件程序的设计思想和结构。关于计算机软件产业中反向工程的合法性问题,一直存在较大争议。软件巨头一般对此持反对态度,而中小软件商则主张可以通过分解获得他人的软件界面的必要信息,进而开发自己的软件,促进竞争。我国法律对此并未作出明确的规定。本书第四章的"软件源代码同一性鉴定"一节,对目标代码反编译和司法解释中的反向工程进行了区分。

第四节 司法鉴定意见书不予采纳的问题

在司法鉴定实践中,司法鉴定意见书不予采纳的情况时有发生。不予采纳的原因既有鉴定资质或鉴定人鉴定技能的原因,也有委托事项不明确或者委托事项与侵权诉讼不相关的原因,更有鉴定材料来源不明确、不合法,鉴定材料被"污染"的原因。司法鉴定意见书不予采纳,一般要重新委托鉴定,因此增加了案件审理的时间成本和经费成本。本章第一节对鉴定资质和鉴定人技能的相关问题进行了总结,以下对委托事项不明确、委托事项与诉讼不相关、鉴定材料来源不明确和不合法、鉴定材料被"污染",从而导致鉴定意见书不被采纳的情况进行总结。

(1)委托事项不明确。委托事项由当事人或者当事人律师撰写的情况下,由于其技术知识和法律知识综合能力不足,又缺乏与鉴定机构的有效沟通,撰写的委托事项不明确,导致鉴定意见不能有效支撑当事人的权利主张。

作者主张委托方在进行司法鉴定委托前与司法鉴定机构进行沟通，在鉴定机构或鉴定人的协助下，撰写司法鉴定委托书。

（2）鉴定对象与诉讼不相关。典型的情况：在确定嫌疑人侵权时，应采用原告主张的具有著作权或商业秘密的代码文件，与嫌疑人外销的软件产品进行比对。而在实际鉴定中，采用原告主张的具有著作权或商业秘密的代码文件，与嫌疑人计算机上的代码文件或嫌疑人所在公司内部计算机上的代码文件进行比对，即使具有同一性，也无法支撑嫌疑人的侵权行为，从而导致鉴定意见书不被采纳。

（3）委托人的主体资格问题。这种情况主要发生在商业秘密诉讼案件中，对于非公知性的鉴定应由侦查机关进行委托，而不应是原告单方面提出的鉴定委托。如果是原告单方面的非公知性委托，法院一般不采用其鉴定意见书。

（4）鉴定材料来源不明确、不合法。鉴定材料是开展鉴定工作的基础，如果鉴定材料没有明确的来源，或者取得鉴定材料的途径不合法，那么法院一般不采用其鉴定意见书。笔者主张委托人尽量采用公正的方式对鉴定材料进行公正，以证明其合法有效。

（5）鉴定材料在鉴定过程中受到二次"污染"。司法鉴定结束后，被鉴定内容应作为鉴定意见书附件一并提交，以便在诉讼过程中对其进行核验。在这个过程中，由于某些原因导致附件中的被鉴定对象与原始鉴定材料不一致，从而降低了鉴定意见书的可信度。笔者主张对原始鉴定材料和最终作为鉴定意见书附件的鉴定材料进行 HASH 值或 MD5 值验证，从而保证鉴定材料不被"污染"。

以上几种鉴定意见书不被采纳的情况，是除鉴定资质、鉴定人鉴定技能之外最为普遍的，但也是可以避免的。

第十七章 软件企业知识产权保护策略

第一节 我国软件知识产权保护模式及其优劣势分析

一、软件知识产权保护模式

计算机软件无形性、专有性、地域性、时间性和极易复制性的特点，使其知识产权保护日益成为广泛关注的主题。为了保障计算机软件产业的健康成长，一般从法律和技术两方面进行保护。目前，可以适用于计算机软件产权保护的法律有著作权法、专利法、商标法、商业秘密法等，它们从不同的角度对软件产权进行一定的保护。以作者参与的软件类知识产权司法鉴定案件来看，采用最多的是软件商业秘密保护，其次是软件著作权保护，最后才是软件专利保护。涉及软件专利的司法鉴定案件非常少见。

二、软件商业秘密保护方式的优劣势

（一）软件商业秘密保护方式的优势

（1）商业秘密权的取得，基于权利人的合法劳动或其他正当手段，自然取得，无须任何部门审批。

（2）商业秘密保护门槛低，《中华人民共和国反不正当竞争法》对商业秘密只有秘密性要求，商业秘密的不容易获得性水平参差不齐。因此，商业秘密保护的门槛比较低，适用面更广。

（3）保护期限没有限制。专利和著作权都有期限。商业秘密的"寿命"可能很长，也可能很短。

（4）可以对软件核心技术进行保护。我国专利法不支持单纯的软件进行专利申请，而著作权保护又不涉及软件思想。对于两者都无法进行保护的内容可以采用商业秘密的形式加以保护。

（5）打击力度大，震慑性强，侵权人易于主动承认侵权行为。

（二）软件商业秘密保护方式的劣势

（1）采用商业秘密进行软件知识产权保护，首先面临的是立案难的问题。公安机关在立案之前首先要取得软件非公知性的鉴定意见，并对案情有一定的了解之后才能立案。

（2）取证难的问题。无论是公安机关还是检察机关，为了取得销售的软件产品，往往要到软件销售客户那里进行调查取证，大多会面临客户不配合的情况。即便客户配合公安机关、检察机关的工作，但由于取证人员不了解软件技术信息，取不到关键证据的情况也是时有发生的。

（3）软件商业秘密保护还面临着损失难以认定的问题。构成商业秘密侵权的基本条件是，经济损失要达到 50 万元人民币才能成立。而在司法实践中，对于软件智力成果侵权的经济损失却难以认定；特别是在部分侵权情况下，更是难以对其经济损失加以认定。

（4）商业秘密的构成问题。多数企业在进行商业秘密主张的时候，不知道就软件的哪些内容进行商业秘密主张，其主张的内容经过鉴定后可能并不具有非公知性，这使商业秘密难以成立。

三、软件著作权保护方式的优劣势

（一）软件著作权保护方式的优势

（1）著作权是基于软件作品而自动产生的，与商业秘密一样无须经过任何法律程序。这大大节约了软件开发者的时间和成本。

（2）保护期限长。大多数国家的保护期限为著作权人死后五十年。

（3）进行软件著作权登记，使未来可能的司法诉讼中其权属证明力大于其他证据，而且著作权的取得条件较为容易，手续简便。

（二）软件著作权保护方式的劣势

（1）著作权不具备排他性。如果两个计算机程序能够达到完全相同的结果，但两者又是以两种差别极大的高级语言表达的，那么从著作权的角度看，其中一个程序并不侵犯另一个程序的版权。

（2）著作权保护只保护软件的"形式"，而不保护软件的"思想"。

（3）软件开发者对他人已经申请著作权登记的软件进行反向工程，从而获取其技术方案申请专利，侵犯原软件技术。

四、软件专利保护方式的优劣势

（一）软件专利保护方式的优势

（1）专利法保护计算机软件的思想及功能，只要他人软件中沿用其思想及功能就可认定为专利侵权，无论他人是否独立开发或者完全重新编码。

（2）专利法对于软件的保护方式强调的是专属性和独占排他性，所以计算机软件在符合专利授予要件且被授予了专利权之后，它就拥有了一种排他性权利，其他与该软件相同或者相类似的软件也就不能再通过专利申请而取得专利权。

（二）软件专利保护方式的劣势

（1）软件开发者申请专利需要支付费用，而且获得专利后每年还需要支付一定的维持费用。从经济角度考虑，不能产生较好经济效益的软件开发者，是不会选择专利保护的。

（2）软件开发者申请专利保护需要符合专利的新颖性、创造性和实用性的条件，符合这些条件的软件在软件产品中占少数。

(3) 专利的申请及审查需要 2~3 年的时间。有些软件的市场生命周期较短，因此它们不适于专利保护。

(4) 专利还具有高度的独占性，在一定程度上不利于其他开发者在已有软件的基础上进一步开发和创新，这势必影响软件技术的不断向前发展与提升。

(5) 专利法给予软件专利保护要求专利申请人将发明的内容公开，但是公开软件的内容无疑会部分或全部地暴露软件当中的精华思想，极易使不法侵害人对软件进行复制或者抄袭。因此，这样会使软件开发商不愿意申请专利保护，导致适用专利法保护的积极性不高。

第二节　软件企业知识产权保护的策略建议

一、软件著作权的申请登记策略

软件开发者不论是否发表该软件，都享有其著作权。向软件登记管理机构办理软件著作权的登记更有利于软件权利纠纷行政处理或者诉讼。软件登记管理机构发放的登记证明文件，是软件著作权有效或者登记申请文件中所述事实确实的初步证明。软件版权登记的好处包括：①帮助权利人在发生纠纷时主张权利提供的有力证据。②协助司法机关方便、快捷地取证，以便迅速结案。③配合政府机构实施管理，促进软件产业发展。但实际上软件著作权申请是要讲究策略的，不当的申请方式，不但不能保护其知识产权，反而会产生对己方不利的因素。下面笔者就软件著作权登记申请，提出两条建议。

（一）核心代码的申请策略

我国软件著作权登记时需要提交软件鉴别材料，提交的方式包括一般交存和例外交存。一般交存包括提交源程序前连续的 30 页和后连续的 30

页。例外交存目标程序的连续的前、后各 30 页和源程序任选连续的 20 页。大部分软件企业在提交时选择一般交存。

首先，面向对象的软件程序设计思想，使得软件源代码的"前""后"不能够严格地区分。其次，随着计算机软硬件技术的不断发展，软件源代码的规模不断增大，几万甚至几百万行源代码的软件也不足为奇。对于软件著作权登记要求提交的 60 页源代码来说，到底选择哪些代码进行申请，是一个值得认真考虑的问题。从保护软件著作权的角度来说，作者主张提交软件最为核心的、不容易修改的代码。当发生软件侵权纠纷或软件升级时，即便对软件源代码进行修改，这部分核心的代码被修改的几率也是比较小的，因此能够通过登记的软件源代码证明软件的权属。同时，提交的源代码应尽量以文件为单位。也就是说，不要抽取不同源代码文件的代码片段行拼凑进行提交。

（二）升级即登记的策略

软件修改、完善、升级后源代码有所修改，如果这种修改不显著，且不涉及核心或关键代码，那么对软件的影响不大。但是如果修改幅度过大，或者涉及核心或关键代码部分，笔者主张重新递交软件著作权申请登记。这是因为软件著作权保护仅涉及软件的形式，当这种源代码的修改较大时，这种形式上的保护制度很可能影响司法鉴定人甚至是法官对于登记的软件著作权与诉讼争议的软件之间的关系认定，有时也会成为法庭上控辩双方争议的焦点。在司法鉴定实践中，在一些经济不发达、知识产权纠纷案件较少的地区，时常发生这种情况。因此，笔者主张软件有显著的升级时即对软件进行重新登记。

二、软件企业保密措施的制定策略

在主张与软件相关技术信息为商业秘密的案件中，保证相关技术信息的非公知性是其主张能够得到支持的基础。在软件商业秘密诉讼案件中，由于员工离职引起的知识产权纠纷最为普遍。为此，软件企业应有相对完善的企业保密措施和人员管理措施，并从以下几方面加以重点关注。

（一）限定接触人员范围，对接触过的员工进行备案

对于企业的重要信息，限定接触人员的范围，这种限定应采用技术手段和管理制度加以保证。同时，对于因工作需要接触过相关技术信息的人员进行备案，并保留其在备案材料中的签字。这是因为商业秘密案件的审判中普遍采用的"实质性相似+接触"规则。

所谓"实质性相似+接触"规则，就是指人民法院在审理侵犯商业秘密的案件中，如果被告所使用的商业信息（包括技术信息和经营信息）与权利人的商业秘密相同或实质性相似，同时权利人又有证据表明被告在此前具备了掌握该商业秘密的条件，那么就必须由被告来证明其所使用之商业信息的合法来源，否则即应承担侵权赔偿责任。"实质性相似+接触"规则在我国的知识产权法律渊源中虽然只有国家工商行政管理总局于1998年颁布的《关于禁止侵犯商业秘密行为的若干规定》中有一些简单的规定，但它却在我国侵犯商业秘密案件的审判实践中得到了非常广泛的运用。

在现实的案件抗辩过程中，"被告"经常以相关技术信息不在其工作职责的接触范围内作为其抗辩的理由，因此，限定核心技术信息的接触人员范围，对接触过的员工进行备案管理是预防和解决潜在知识产权纠纷的重要方式之一。

（二）签订保密合同，约定保密时限

软件相关的商业秘密信息作为一种无形财产，与企业员工的流动有非常密切的关系。在笔者接触的软件商业秘密案件中，最为普遍的是员工离职后带着原单位的商业秘密，或自己独立创建公司或进入其他公司，进行同类软件产品的研发。可以说，目前，软件领域的商业秘密纠纷主要表现为员

工带走原单位的商业秘密，然后与原单位开展不正当竞争。在软件领域，员工流动导致商业秘密丧失大致有以下两种状况：其一，员工"跳槽"到新单位，带走原单位的商业秘密为新单位从事研发服务，致使原单位的经济利益遭受损失；其二，员工离职后成立新公司，使用原单位商业秘密，从事与原单位业务相同的经营或服务，导致原单位丧失竞争优势。

劳动力自由流动的目的在于充分发挥人的潜能，为社会和企业创造更多的财富，实现市场经济下的社会人力资源的优化配置。但是，倘若人员的流动造成企业大量商业秘密泄露或被他人所利用，必然给企业、社会乃至国家造成大量的经济损失，因而此类非正常的人员流动就有必要予以适当限制。

目前，签订保密协议及竞业禁止协议，是企业采用的应对员工流动中商业秘密流失的主要防范措施之一。当员工离职时，如果企业与员工签订了保护商业秘密合同，离职员工负有保密义务。然而，在现实工作中，企业往往疏忽对商业秘密的保护，未与离职员工签订保密合同的情况屡见不鲜。事实上，企业可以在员工入职时就针对其在职和离职后的保密内容和保密时限等内容加以限定。当然，这种限定需要在法律规定的范围内进行。我国《反不正当竞争法》规定，包括前雇员在内的任何通过合法途径获得他人商业秘密的当事人，未经许可，不得披露、使用他人的商业秘密。

三、软件委托开发合同签订策略

在笔者参与的软件知识产权司法鉴定案件中，不乏软件开发的合同纠纷。合同纠纷案件中的核心争议焦点是外包的软件是否满足合同要求，以及围绕这一争议焦点所产生的委托开发过程的文档是否齐备，是否满足合同要求等。这一类案件的司法鉴定方法大多是通过对系统的实际测试来完成的。对于软件企业来说，通过司法途径解决合同纠纷的过程是烦琐的，为此，笔者给出软件委托开发合同签订的一些建议。

（一）关于过程文档

软件开发须经历需求分析、概要设计、详细设计、系统实施、系统测试等多个阶段。在软件开发过程中，最初签订的合同中关于软件的技术指标，可能仅仅是概括性的，在具体实施中应根据需求不断地加以修改完善。在发生纠纷时，过程文档对于验证软件产品是否能够满足开发合同至关重要。

（二）关于文档签章

在软件开发过程中，对于软件需求变更引起的软件产品与开发合同不一致，应尽量以纸面形式加以说明，由项目双方项目负责人签字，并尽可能加盖单位公章。在软件产品经过验收后，验收确认资料上同样要加盖双方单位公章。同时，应尽可能地保留双方对于需求协调、项目验收过程中的电子邮件、会议资料等。

（三）关于付款方式

笔者主张按软件开发阶段设置付款节点，这也是软件委托开发中惯用的付款方式。但在现实的软件开发委托中，由于没有明确规定软件付款的，引起的软件开发一方拿不到开发费用，而委托方主张软件达不到委托要求的纠纷较为常见，且大多发生在双方比较熟悉的情况。

四、围绕知识产权保护的软件开发策略

（一）开源软件和第三方软件的应用策略

在笔者参与的软件司法鉴定案件中，大部分软件在开发过程中都会或多或少地使用到了开源软件或第三方软件源代码。且不说这种应用本身的知识产权风险，仅就其在遇到软件侵权纠纷时，开源软件部分和第三方软件部分的代码对知识产权司法鉴定产生的影响来说，如果不能很

好地予以处理，其结果也是比较严重的。在软件司法鉴定案件中，无论是非公知性还是同一性，涉及软件源代码时，鉴定人一般都会去除开源软件和第三方软件。去除的依据包括检索代码文件的版权信息和鉴定人的经验。

利用开源软件和第三方软件进行开发，笔者建议尽量利用其软件设计开发的思路、算法和技巧，不简单的进行代码复制粘贴。如果一定要使用这类代码，也要在自己的软件代码文件中予以声明，使较为容易地识别和区分这些代码。这是因为在司法鉴定中，由于鉴定人的鉴定经验、背景知识、检索范围等方面的限制，没有发现这类代码，致使整个鉴定报告不被采用，进一步使权利主张一方丧失了维权机会。尽管这种情况不时常发生，但明确指明软件的开源软件部分和第三方软件部分也是对其有利的。

（二）软件缺陷设计策略

当软件企业遇到知识产权纠纷时，普遍遇到的问题就是取证困难。一方面，想获取直接的侵权证据困难；另一方面，想获取用于进行司法鉴定的间接的侵权证据更加困难。尤其是在涉及软件代码层面的司法鉴定、侵权方不配合、不提供源代码等，往往按照传统的鉴定思路，无法开展司法鉴定工作。在笔者遇到的很多案件中，都是由于无法获得侵权方的目标代码或者源代码而致使权利难以得到保护。

2015年，最高人民法院曾发布48号指导案例。该案是典型的软件产品同一性鉴定，由于被告的目标代码不容易获取，因此很难从目标代码进行同一性鉴定。法院判决的依据是双方软件运行的缺陷错误。该案件对于在没有目标代码情况下来进行软件产品同一性鉴定提供了鉴定思路。因此，软件缺陷在软件设计中起到了关键性的作用。这也给软件企业进行软件开发，为日后潜在的知识产权纠纷提供了技术上的设计思路，即在软件设计开发阶段预留出一些软件缺陷,也称软件 BUG。当然,这种 BUG 不能过于严重,影响软件使用,而且这些 BUG 不能是通用性 BUG,最好是软件特有的 BUG,在其他软件上很难找出同类型的 BUG,为以后潜在的维权做好预防工作。

附　　录

附录1　计算机软件保护条例

第一章　总　　则

2001年12月20日中华人民共和国国务院令第339号公布，根据2011年1月8日《国务院关于废止和修改部分行政法规的决定》第一次修订根据2013年1月30日《国务院关于修改〈计算机软件保护条例〉的决定》第二次修订。

第一条　为了保护计算机软件著作权人的权益，调整计算机软件在开发、传播和使用中发生的利益关系，鼓励计算机软件的开发与应用，促进软件产业和国民经济信息化的发展，根据《中华人民共和国著作权法》，制定本条例。

第二条　本条例所称计算机软件（以下简称软件），是指计算机程序及其有关文档。

第三条　本条例下列用语的含义：

（一）计算机程序，是指为了得到某种结果而可以由计算机等具有信息处理能力的装置执行的代码化指令序列，或者可以被自动转换成代码化指令序列的符号化指令序列或者符号化语句序列。同一计算机程序的源程序和目标程序为同一作品。

（二）文档，是指用来描述程序的内容、组成、设计、功能规格、开发情况、测试结果及使用方法的文字资料和图表等，如程序设计说明书、流程图、用户手册等。

（三）软件开发者，是指实际组织开发、直接进行开发，并对开发完成的软件承担责任的法人或者其他组织；或者依靠自己具有的条件独立完成软件开发，并对软件承担责任的自然人。

（四）软件著作权人，是指依照本条例的规定，对软件享有著作权的自然人、法人或者其他组织。

第四条　受本条例保护的软件必须由开发者独立开发，并已固定在某种有形物体上。

第五条　中国公民、法人或者其他组织对其所开发的软件，不论是否发表，依照本条例享有著作权。

外国人、无国籍人的软件首先在中国境内发行的，依照本条例享有著作权。

外国人、无国籍人的软件，依照其开发者所属国或者经常居住地国同中国签订的协议或者依照中国参加的国际条约享有的著作权，受本条例保护。

第六条　本条例对软件著作权的保护不延及开发软件所用的思想、处理过程、操作方法或者数学概念等。

第七条　软件著作权人可以向国务院著作权行政管理部门认定的软件登记机构办理登记。软件登记机构发放的登记证明文件是登记事项的初步证明。

办理软件登记应当缴纳费用。软件登记的收费标准由国务院著作权行政管理部门会同国务院价格主管部门规定。

第二章 软件著作权

第八条 软件著作权人享有下列各项权利:

(一)发表权,即决定软件是否公之于众的权利;

(二)署名权,即表明开发者身份,在软件上署名的权利;

(三)修改权,即对软件进行增补、删节,或者改变指令、语句顺序的权利;

(四)复制权,即将软件制作一份或者多份的权利;

(五)发行权,即以出售或者赠予方式向公众提供软件的原件或者复制件的权利;

(六)出租权,即有偿许可他人临时使用软件的权利,但是软件不是出租的主要标的的除外;

(七)信息网络传播权,即以有线或者无线方式向公众提供软件,使公众可以在其个人选定的时间和地点获得软件的权利;

(八)翻译权,即将原软件从一种自然语言文字转换成另一种自然语言文字的权利;

(九)应当由软件著作权人享有的其他权利。

软件著作权人可以许可他人行使其软件著作权,并有权获得报酬。

软件著作权人可以全部或者部分转让其软件著作权,并有权获得报酬。

第九条 软件著作权属于软件开发者,本条例另有规定的除外。

如无相反证明,在软件上署名的自然人、法人或者其他组织为开发者。

第十条 由两个以上的自然人、法人或者其他组织合作开发的软件,其著作权的归属由合作开发者签订书面合同约定。无书面合同或者合同未作明确约定,合作开发的软件可以分割使用的,开发者对各自开发的部分可以单独享有著作权;但是,行使著作权时,不得扩展到合作开发的软件整体的著作权。合作开发的软件不能分割使用的,其著作权由各合作开发者共同享有，通过协商一致行使；不能协商一致，又无正当理由的，任何一方不得阻止他方行使除转让权以外的其他权利，但是所得收益应当合理分配给所有合作开发者。

第十一条 接受他人委托开发的软件，其著作权的归属由委托人与受托人签订书面合同约定；无书面合同或者合同未作明确约定的，其著作权由受托人享有。

第十二条 由国家机关下达任务开发的软件，著作权的归属与行使由项目任务书或者合同规定；项目任务书或者合同中未作明确规定的，软件著作权由接受任务的法人或者其他组织享有。

第十三条 自然人在法人或者其他组织中任职期间所开发的软件有下列情形之一的，该软件著作权由该法人或者其他组织享有，该法人或者其他组织可以对开发软件的自然人进行奖励：

（一）针对本职工作中明确指定的开发目标所开发的软件；

（二）开发的软件是从事本职工作活动所预见的结果或者自然的结果；

（三）主要使用了法人或者其他组织的资金、专用设备、未公开的专门信息等物质技术条件所开发并由法人或者其他组织承担责任的软件。

第十四条 软件著作权自软件开发完成之日起产生。

自然人的软件著作权，保护期为自然人终生及其死亡后50年，截止于自然人死亡后第50年的12月31日；软件是合作开发的，截止于最后死亡的自然人死亡后第50年的12月31日。

法人或者其他组织的软件著作权，保护期为50年，截止于软件首次发表后第50年的12月31日，但软件自开发完成之日起50年内未发表的，本条例不再保护。

第十五条 软件著作权属于自然人的，该自然人死亡后，在软件著作权的保护期内，软件著作权的继承人可以依照《中华人民共和国继承法》的有关规定，继承本条例第八条规定的除署名权以外的其他权利。

软件著作权属于法人或者其他组织的，法人或者其他组织变更、终止后，其著作权在本条例规定的保护期内由承受其权利义务的法人或者其他组织享有；没有承受其权利义务的法人或者其他组织的，由国家享有。

第十六条　软件的合法复制品所有人享有下列权利：

（一）根据使用的需要把该软件装入计算机等具有信息处理能力的装置内；

（二）为了防止复制品损坏而制作备份复制品。这些备份复制品不得通过任何方式提供给他人使用，并在所有人丧失该合法复制品的所有权时，负责将备份复制品销毁；

（三）为了把该软件用于实际的计算机应用环境或者改进其功能、性能而进行必要的修改；但是，除合同另有约定外，未经该软件著作权人许可，不得向任何第三方提供修改后的软件。

第十七条　为了学习和研究软件内含的设计思想和原理，通过安装、显示、传输或者存储软件等方式使用软件的，可以不经软件著作权人许可，不向其支付报酬。

第三章　软件著作权的许可使用和转让

第十八条　许可他人行使软件著作权的，应当订立许可使用合同。

许可使用合同中软件著作权人未明确许可的权利，被许可人不得行使。

第十九条　许可他人专有行使软件著作权的，当事人应当订立书面合同。

没有订立书面合同或者合同中未明确约定为专有许可的，被许可行使的权利应当视为非专有权利。

第二十条　转让软件著作权的，当事人应当订立书面合同。

第二十一条　订立许可他人专有行使软件著作权的许可合同，或者订立转让软件著作权合同，可以向国务院著作权行政管理部门认定的软件登记机构登记。

第二十二条 中国公民、法人或者其他组织向外国人许可或者转让软件著作权的,应当遵守《中华人民共和国技术进出口管理条例》的有关规定。

第四章 法律责任

第二十三条 除《中华人民共和国著作权法》或者本条例另有规定外,有下列侵权行为的,应当根据情况,承担停止侵害、消除影响、赔礼道歉、赔偿损失等民事责任:

(一) 未经软件著作权人许可,发表或者登记其软件的;

(二) 将他人软件作为自己的软件发表或者登记的;

(三) 未经合作者许可,将与他人合作开发的软件作为自己单独完成的软件发表或者登记的;

(四) 在他人软件上署名或者更改他人软件上的署名的;

(五) 未经软件著作权人许可,修改、翻译其软件的;

(六) 其他侵犯软件著作权的行为。

第二十四条 除《中华人民共和国著作权法》、本条例或者其他法律、行政法规另有规定外,未经软件著作权人许可,有下列侵权行为的,应当根据情况,承担停止侵害、消除影响、赔礼道歉、赔偿损失等民事责任;同时损害社会公共利益的,由著作权行政管理部门责令停止侵权行为,没收违法所得,没收、销毁侵权复制品,可以并处罚款;情节严重的,著作权行政管理部门并可以没收主要用于制作侵权复制品的材料、工具、设备等;触犯刑律的,依照刑法关于侵犯著作权罪、销售侵权复制品罪的规定,依法追究刑事责任:

(一) 复制或者部分复制著作权人的软件的;

(二) 向公众发行、出租、通过信息网络传播著作权人的软件的;

（三）故意避开或者破坏著作权人为保护其软件著作权而采取的技术措施的；

（四）故意删除或者改变软件权利管理电子信息的；

（五）转让或者许可他人行使著作权人的软件著作权的。

有前款第一项或者第二项行为的，可以并处每件 100 元或者货值金额 1 倍以上 5 倍以下的罚款；有前款第三项、第四项或者第五项行为的，可以并处 20 万元以下的罚款。

第二十五条　侵犯软件著作权的赔偿数额，依照《中华人民共和国著作权法》第四十九条的规定确定。

第二十六条　软件著作权人有证据证明他人正在实施或者即将实施侵犯其权利的行为，如不及时制止，将会使其合法权益受到难以弥补的损害的，可以依照《中华人民共和国著作权法》第五十条的规定，在提起诉讼前向人民法院申请采取责令停止有关行为和财产保全的措施。

第二十七条　为了制止侵权行为，在证据可能灭失或者以后难以取得的情况下，软件著作权人可以依照《中华人民共和国著作权法》第五十一条的规定，在提起诉讼前向人民法院申请保全证据。

第二十八条　软件复制品的出版者、制作者不能证明其出版、制作有合法授权的，或者软件复制品的发行者、出租者不能证明其发行、出租的复制品有合法来源的，应当承担法律责任。

第二十九条　软件开发者开发的软件，由于可供选用的表达方式有限而与已经存在的软件相似的，不构成对已经存在的软件的著作权的侵犯。

第三十条　软件的复制品持有人不知道也没有合理理由应当知道该软件是侵权复制品的，不承担赔偿责任；但是，应当停止使用、销毁该侵权复制品。如果停止使用并销毁该侵权复制品将给复制品使用人造成重大损失的，复制品使用人可以在向软件著作权人支付合理费用后继续使用。

第三十一条　软件著作权侵权纠纷可以调解。

软件著作权合同纠纷可以依据合同中的仲裁条款或者事后达成的书面仲裁协议，向仲裁机构申请仲裁。

当事人没有在合同中订立仲裁条款，事后又没有书面仲裁协议的，可以直接向人民法院提起诉讼。

第五章 附　则

第三十二条　本条例施行前发生的侵权行为，依照侵权行为发生时的国家有关规定处理。

第三十三条　本条例自 2002 年 1 月 1 日起施行。1991 年 6 月 4 日国务院发布的《计算机软件保护条例》同时废止。

附录2　北京市高级人民法院关于审理计算机软件著作权纠纷案件几个问题的意见

发文单位：北京市高级人民法院

发布日期：1995-6-21

执行日期：1995-6-21

一、管辖

侵犯软件著作权的，侵权行为地或被告所在地的人民法院对该纠纷有管辖权。侵权软件的销售地属侵权行为地。

二、证据

1. 原告主张其享有著作权的软件未经登记的，应提交该软件的源程序、文档以及其他的能证明其享有权利的证据。

原告主张其享有著作权的软件已经登记的，应提交计算机软件登记管理部门颁发的软件登记证书。

2. 侵权案件，原告一般应提交如下证据：

（1）侵权的程序、文档以及与之进行对比的原告的程序、文档；

（2）被告实施侵权行为的其他证据；

（3）原告的软件与被告软件的对比情况。

3. 当事人提供的证据必须是合法取得的。

当事人以强迫、引诱、欺骗或者其他不合法手段收集的证据不予认定。

4. 当事人在收集证据时，可以委托公证机关公证其收集的证据、收集证据的方法的真实性、合法性。

对经过公证机关公证的证据，法院应依照民事诉讼法第 67 条直接认定其效力，但有相反证据足以推翻公证证明的除外。

5. 当事人收集证据确有困难，而该证据又很重要的，可以请求法院依职权收集，但当事人应提供证据线索。

6. 在证据可能灭失或者以后难以取得的情况下，当事人可以书面向法院申请保全证据。

申请保全的证据涉及有经济价值的物品，或者因证据保全可能会给被申请人带来经济损失的，申请人应提供担保。

法院采取查封的方式保全软件证据的，应当立即封存。

7. 当事人之间交换的有关软件证据，应由法院复制或者在审判人员在场的情况下复制并交给对方当事人。

三、财产保全和先予执行

1. 当事人申请财产保全的，应提供相当于请求保全数额并可供执行的财产作担保。

2. 原告作为外国人、无国籍人、外国企业和组织或港、澳、台居民和企业，在中国大陆境内没有财产的，经被告申请，法院可作出财产保全裁定，令原告提交一笔款项或提出担保，以保证对因其诉讼可能给被告造成的损失和被告其他必要的支出的赔偿。

3. 当事人要求法院命令被申请人立即停止侵害或者制止某项行为的，在案件事实基本清楚，被申请人的行为已构成侵权、应承担停止侵权责任，不停止侵权行为会造成更大损失的，并已经开庭审理的情况下，法院可以依照民事诉讼法第九十七、九十八条的规定慎重作出裁定先予执行，但必须要求申请人提供担保。

四、鉴定

可参照北京市高级人民法院下发的《技术合同纠纷鉴定规则（试行）》进行。

五、诉讼代理人

1. 当事人之一或者双方为外国人、无国籍人、外国企业和组织或者港、澳、台的居民、企业和组织的，可以建议当事人委托中华人民共和国律师为诉讼代理人代理诉讼。

2. 可以建议当事人委托具有计算机软件专业知识的律师为诉讼代理人代理诉讼。

六、侵权认定方法

1. 对于原告关于被告的软件是原告软件复制品的指控，被告予以承认的，不需对双方的软件再做勘验、演示或鉴定。

2. 使用他人软件部分构成被使用软件的必要部分、主要部分或实质部分的，构成侵权。

七、关于赔偿

（一）侵权软件著作权的损害赔偿，应依照民法通则的规定，侵权人的赔偿范围应与被侵权人的损失范围相当。

（二）赔偿的几种方法

1. 以被侵权人因被侵权所受到的损失为赔偿数额。

计算方法是：因侵权人的侵权复制品在市场上销售使软件著作权人或

其合法受让者的软件销售量下降，其销售量减少的总数乘以每个软件的利润所得之积，即为被侵权人的实际经济损失。

在确定被侵权软件的价格时，可参照该软件登记时的报价。

2. 以侵权人因侵权行为获得的全部利润为赔偿数额。

其计算方法是：侵权人从每件侵权复制品获得的利润乘以市场上销售的总数所得之积，即为侵权人所得的全部利润。

采取这种方式应考虑以下因素：①如果侵权人是采取比被侵权软件低的价格在市场上销售的，应以被侵权软件的销售价来计算侵权人所得，②如果侵权人能证明其所得的成本或必要费用的，予以扣除，不能证明的，以侵权行为所得之全部收入为其所得利润。

3. 在难以确定权利人的实际损害或侵权者的侵权获益时，侵权人应赔偿 5000~30000 元；如侵权人确有证据证明其不知道其行为已构成侵权并且侵权后果不严重的，可酌情将赔偿数额减少到 5000 元以下。

各法院运用此款确定赔偿额时，务必向市高院报告。

在采取上述方法确定赔偿额时，应考虑以下因素：被侵权软件的成熟程度、经济生命周期、潜在的用户数量、使用效益；侵权获利、侵权行为的社会影响、侵权手段、时间；侵权者的主观过错程度。

（三）几种损失的赔偿或支付

1. 因侵犯软件著作权而予以赔偿的，应以软件被侵权所受损害为限，不应以侵权人因硬件或与被侵权软件无关的软件所得进行赔偿。

但侵权软件与硬件配套使用、配套销售的，侵权人因硬件所得之部分利润应计算到赔偿数额中。

2. 全部败诉的，败诉方应偿付双方当事人因达到伸张权利或防卫权利目的而支出的必要的合理的调查取证费及委托律师的费用。

委托律师的费用仅限于委托两名律师的费用，且应以司法部规定的律师收费办法为计算标准。

"全部败诉"是指原告的诉讼请求，包括请求数额被全部否定。

3. 胜诉方所指控的侵权行为被全部认定。虽然所请求赔偿数额高于判决认定的数额，但所多要求的部分在比例上比较小的，败诉方仍应承担胜诉方调查取证费和委托律师费；所多要求的部分比例过大的，败诉方偿付对方的调查取证费和委托律师费可按判决确定的诉讼费承担比例确定。

4. 侵权行为给被侵权人的商业信誉等精神权利造成损害的，可根据民法通则第一百二十条的规定责令侵权人赔礼道歉，公开登报消除影响，并可酌情令其赔偿被侵权人为消除影响、恢复商业信誉采取补救措施的费用；必要情况下，还应令其给予经济赔偿。

调查取证费、委托律师费及商业信誉损失的赔偿，以当事人已提出诉讼请求为前提。

北京市高级人民法院

附录 3　软件知识产权司法鉴定意见书格式范本

第一部分　鉴定工作概述

一、基本情况

1. 鉴定委托方

2. 鉴定受托方

3. 受托方鉴定资质

二、鉴定程序

1. 委托鉴定事项

2. 审核材料

3. 接受委托

4. 成立鉴定组

5. 召开讨论会

6. 出具鉴定意见书

第二部分　鉴定意见书正文

一、鉴定依据

二、鉴定原则

三、相关技术信息

四、非公知分析

五、同一性分析

五、鉴定意见

六、落款

第三部分　附件清单

参考文献

[1] 韩小燕.软件侵权现象及其司法鉴定浅析[J].软件和信息服务,1998(10):77.

[2] 冯金成.论计算机司法鉴定[J].政法学刊,2005,22(6):102-104.

[3] 罗苏平.对软件侵权鉴定中的源程序作用的认识[J].广东交通职业技术学院学报,2005,4(1):55-57.

[4] 李维.浅析计算机软件著作权技术鉴定[J].科技与法律,2008(6):61-64.

[5] 陈雪.软件作品的著作权司法鉴定——以"公安基层管理系统"著作权纠纷案为例[J].华南师范大学学报(社会科学版),2005(3):24-30.

[6] 赵丙秀,王坚.软件知识产权鉴定方法的初步研究与探索[J].计算机时代,2007(4):4-7.

[7] 张益成.计算机软件产品的司法鉴定技术[J].计算机时代,2008(7):16-18.

[8] 陈小静,黄少晖,梁永宏.浅析计算机软件技术信息的商业秘密鉴定[J].中国发明与专利,2013(8):31-33.

[9] 刘惠萍,罗文华.从知识产权侵害案件看Microsoft PowerPoint演示文稿鉴定实践[J].中国司法鉴定,2013(3):62-65.

[10] CodeMatic[EB/OL].[2012-08-15].http://www.maticsoft.com.

[11] CodeSmith[EB/OL].[2012-08-15].http://www.codesmithtools.com.

[12] MyGeneration[EB/OL].[2012-08-15].http://www.mygenerationsoftware.com.

[13] .NET Reflector[EB/OL].[2012-08-15].http://www.reflector.net.

[14] Blackducks[EB/OL].[2012-08-15].http://www.blackducksoftware.com/search/node.

[15] Krugle[EB/OL].[2012-08-15].http://www.krugle.org.

[16] Ohloh Code[EB/OL].[2012-08-15].http://www.ohloh.net.

[17] Docjar[EB/OL].[2012-08-15]. http://www.docjar.com.

[18] Google Codes[EB/OL].[2012-08-15].http://code.google.com/intl/zh-CN.

[19] CodeSoSo[EB/OL].[2012-08-15].http://search.codesoso.com.

[20] Pudn[EB/OL].[2012-08-15].http://www.pudn.com/sourcecode/BookCode/download104.html.

[21] Oreilly Code[EB/OL].[2012-08-15]. http://www.oreilly.com.

[22] 计算机软件侵权认定若干问题研究(二)Wireshark[EB/OL].[2015-05-18]http://mp.weixin.qq.com/s?__biz=MzA5NjcyNjgwMA==&mid=205605098&idx=3&sn=98c79e4ace9d0828c2af0a5f1e2b9325#rd.

[23] 宋健,顾韬.知产视野30|计算机软件侵权认定若干问题研究(一)[EB/OL].(2015-05-15)[2016-05-04].http://mp.weixin.qq.com/s?__biz=MzA5NjcyNjgwMA==&mid=205605098&idx=3&sn=98c79e4ace9d0828c2af0a5f1e2b9325#wechat_redirect.

[24] Simon Robinson, ChristianNage.C#高级编程[M].北京:清华大学出版社,2005.

[25] DeveloperFusion[EB/OL].[2014-12-15]. http://www.developerfusion.com/tools/convert/csharp-to-vb.

[26] Code Converter[EB/OL].[2014-12-15].http://www.codechanger.com.

[27] .NET Reflector[EB/OL].[2014-12-15].http://www.reflector.net.

[28] Guid Structure[EB/OL].[2014-12-15].https://msdn.microsoft.com/en-us/library/system.guid.aspx.

[29] .NET Reflector[EB/OL].[2012-08-15].http://www.reflector.net.

[30] ILspy[EB/OL].[2015-04-02]. http://www.ilspy.net.

[31] JAD[EB/OL].[2015-04-02]. http://varaneckas.com/jad.

[32] JODE[EB/OL].[2015-04-02]. http://jode.sourceforge.net.

[33] Beyond Compare.[EB/OL].[2015-05-18].http://www.scootersoftware.com.

[34] WinMerge.[EB/OL].[2015-05-18]. http://winmerge.org/downloads.

[35] Fiddler[EB/OL].[2015-05-18]. http://www.telerik.com/download/fiddler.

[36] Wireshark[EB/OL].[2015-05-18].https://www.wireshark.org.

[37] 滕冲,方靖然,张国臣. Windows 系统中文件时间属性的变化及影响因素[J].刑事技术,2009(5):3-5.

[38] 宋健,顾韬.知产视野 30|计算机软件侵权认定若干问题研究(一)[EB/OL].(2015-05-15)[2016-05-04]. http://mp.weixin.qq.com/s?__biz=MzA5NjcyNjgwMA==&mid=205491648&idx=4&sn=20ec5f67916c83020061de4f885aff37&scene=1#wechat_redirect.

后　记

本书能够顺利出版，首先感谢家人在我撰写本书时所给予的支持。感谢工业和信息化部软件与集成电路促进中心知识产权司法鉴定所邹忭老师、陆容安老师在司法鉴定技术上的指导。感谢工业和信息化部相关领导对本书出版所提供的帮助。感谢所有对本书出版给予支持的法官、检察官和律师同仁。

本书出版得到工业和信息化部软件与集成电路促进中心知识产权司法鉴定所谢学军主任的支持和指导。工业和信息化部软件与集成电路促进中心知识产权司法鉴定所是作者的执业机构，该鉴定所自成立以来受理了来自全国各地的法院、检察院、公安机关以及律师事务所委托的知识产权司法鉴定案件上百起，所涉及技术领域涵盖电子、软件、通讯、集成电路、机械、化工、医疗器械、生物等多个领域。典型案例有 2009 年上海芯略"上海鼎芯科技公司"商业秘密案件，该案件为上海首起侵犯集成电路商业秘密案件入选"上海 2010 年知识产权保护十大典型案例"；美的与格力空调专利侵权案件入选最高法院"2011 年度全国知识产权保护十大典型案例"；2012 年北京知识产权保护重大案件之一迪思杰公司软件商业秘密纠纷案件；2013 年美国圣莱科特诉华奇化工侵犯其增黏剂技术商业秘密案件。